ullstein

Das Buch

Bis Ende 2016 sind mehr als eine Million Flüchtlinge nach Deutschland gekommen – Hunderttausende Syrer, Iraker, Afghanen. Für die meisten von ihnen sind wir ein fremdes Volk. Von unserem Land wissen sie: Es ist sicher. Es ist reich. Es bietet ein Leben. Aber wie anders unser Alltag und unsere Kultur sind – davon haben die meisten keine Vorstellung.
Der TV-Moderator Constantin Schreiber erklärt, wie Deutschland tickt, wie Flüchtlinge, aber auch die arabische Welt, unsere Werte und Lebensart sehen und wie sich ihr Deutschlandbild von unserem Selbstverständnis unterscheidet. Ein wertvolles Handbuch zum gegenseitigen Verständnis.

Der Autor

Constantin Schreiber (*1979) moderiert die Tagesschau, das ARD-Nachtmagazin und das NDR-Medienmagazin Zapp. Er spricht fließend Arabisch und ist Moderator einer Wissenschaftssendung im ägyptischen Fernsehen. Er ist Herausgeber des internationalen Bestsellers *1000 Peitschenhiebe* mit den Texten des saudischen Bloggers Raif Badawi und Autor des Bestsellers *Inside Islam*. Für die deutsch-arabische Sendung »Marhaba – Ankommen in Deutschland«, in der er Flüchtlingen das Leben in unserem Land erklärt, wurde er 2016 mit dem Grimme-Preis ausgezeichnet.
Schreiber arbeitete nach einem Jura-Studium und einem Volontariat mehrere Jahre als Reporter in Beirut und Dubai und war drei Jahre als Medienreferent im Auswärtigen Amt tätig. Von 2012 bis 2016 war er Moderator und Chef vom Dienst bei n-tv.

Constantin Schreiber

Marhaba, Flüchtling!

Im Dialog mit
arabischen Flüchtlingen

Übersetzt ins Arabische von
M. Abdelaziz

Ullstein

Besuchen Sie uns im Internet:
www.ullstein-taschenbuch.de

MIX
Papier aus verantwortungsvollen Quellen
FSC® C083411

Aktualisierte Lizenzausgabe im Ullstein Taschenbuch
1. Auflage Oktober 2017

Umschlaggestaltung: zero-media.net, München, unter Verwendung einer Vorlage von Sarah M. Hensmann, © Hofmann und Campe
Umschlagfoto: © picture alliance / dpa
Satz: Dörlemann Satz, Lemförde
Gesetzt aus der Minion Pro und der Times New Roman
Druck und Bindearbeiten: CPI books GmbH, Leck
ISBN 978-3-548-37720-9

Inhalt

Vorwort

Deutschland ist in internationalen Umfragen derzeit das beliebteste Land der Welt. Und eines der erfolgreichsten dazu. Wer hätte das gedacht? Das Land der Volksmusik, von Rammstein und Helene Fischer, von kompliziertem Föderalismus und in ihrem Umfang einzigartigen Steuererklärungen, das Land von *Traumschiff*, Gartenzwergen und Baumärkten. Das Land, das im vergangenen Jahrhundert so viel Terror und Leid über die Menschheit gebracht hat und auf dessen Gebiet durch eine Mauer getrennt Sozialismus und Marktwirtschaft gegeneinander antraten. Nicht wenige reiben sich erstaunt die Augen und fragen, was denn da eigentlich passiert ist. Wer könnte dieses Land der Gegensätze zwischen Ostsee und Zugspitze, zwischen Rhein und Oder erklären? Mit all seinen Eigenarten, seiner inneren Zerrissenheit und seinem Streben nach Harmonie, Ruhe und Sicherheit, das im Länderfinanzausgleich seinen fiskalischen Ausdruck findet. Wer erklären oder auch nur verstehen will, wie Deutschland tickt, hat viel zu tun. Das fängt schon bei der Sprache an.

Ich kann mir nur ansatzweise vorstellen, welche Steilvorlagen Wortkonstrukte wie »Unternehmenssteuerfortentwicklungsgesetz« für Deutsch-Anfänger bieten. Und ich habe Verständnis für jeden, der sich angesichts der manchmal zu stark ausgelebten Leidenschaft für vermeintlich präzise Sprache an den Kopf fasst.

Deutschland ist eine besondere Mischung aus Provinz und Stadt, aus Spießigkeit und Welterfahrenheit, aus Tüftlergeist und Schützenfest, aus Einzelfallgerechtigkeit und Solidargemeinschaft, aus Ordnungssinn und Freiheitsliebe. Diese Spannungsbögen bilden den Nährboden, auf dem Besonderes gedeihen kann. Und – das war neu – Deutschland hat in den vergangenen Jahren eine ganz eigene Lässigkeit entwickelt. Plötzlich sind wir cool, weil auf eine angenehme Weise liberal, weil wir schönen und begeisternden Fußball spielen, weil wir den Sommer zu feiern wissen und weil wir im Herzen Europas ein freundliches Gesicht zeigen. Das alles ist Deutschland. Wer könnte es erklären?

Constantin Schreiber unternimmt mit »Marhaba, Flüchtling!« genau diesen Versuch. Gott sei Dank, muss man sagen. Denn nicht alles, was so über unser Land erzählt wird, stimmt auch. Und gerade weil einige Regeln und Phänomene nicht auf Anhieb logisch sind, muss man sie erklären. Ein Blick hinter die Kulissen deutscher Eigenheiten und Emotionen hilft jedem, der neu ins Land kommt, weiter. Aber Constantin Schreibers Blick auf unser Land ist auch spannend für diejenigen, die schon länger oder auch immer in Deutschland leben.

So sind in den letzten Wochen und Monaten binnen kurzer Zeit viele hunderttausend Menschen neu in Deutschland angekommen. Die meisten von ihnen sind mit einer anderen Kultur, Tradition und Religion groß geworden. In ihren Heimatländern ist der Islam die bestimmende Religion, statt Rechtsstaatlichkeit ist staatliche Willkür an der Tagesordnung, die Ehre der Familie steht im Zweifel über allem anderen, und der Umgang mit Juden oder Schwulen ist nicht gerade zimperlich, um nur einige Beispiele zu nennen. Selbst wenn man unterstellt, dass sich viele der Flüchtlinge und Migranten genau deswegen nach Freiheit und Frieden sehnen, sind sie im konkreten Alltag oftmals regelrecht einem Kulturschock ausgesetzt.

Und auch unser Land war ja nicht immer so, viele Rechte und Freiheiten, die wir für selbstverständlich halten, wurden erst in den letzten Jahren und Jahrzehnten mühsam erkämpft. So können wir uns heute freuen, dass Deutschland toleranter, offener, liberaler und wohlhabender ist als je zuvor. Genau das ist es, was Deutschland heute für viele Millionen Menschen auf der Welt zum Sehnsuchtsort werden lässt. »The German way of life« – das ist offensichtlich ein Exportschlager in den weltweiten sozialen Netzwerken.

»Willkommen in Deutschland« – das heißt auch, dass sich Gäste an die Spielregeln halten, die bei uns gelten. Genau das fordert übrigens auch die Genfer Flüchtlingskonvention von denen, die in anderen Gesellschaften Zuflucht finden.

Freiheit bedeutet auch Verantwortung. Freiheit ist jeden Tag aufs Neue anstrengend, weil mir immer wieder Menschen und Meinungen begegnen, die mir nicht gefallen. Sie erfordert ein hohes Maß an Respekt und Toleranz. Weil ich für mich nur einfordern kann, was ich auch anderen zugestehe. Weil auch Freiheit Grenzen hat, wenn sie die Freiheit eines anderen einschränkt.

»Ich bin zwar anderer Meinung als Sie, aber ich würde mein Leben dafür geben, dass Sie Ihre Meinung frei aussprechen dürfen.«

Diese Voltaire zugeschriebene Äußerung ist Zumutung und Richtschnur zugleich. Wer sie befolgt, hat verstanden, worum es geht.

Wir sollten Flüchtlinge und Migranten ermuntern, sich angesichts der offenen und pluralen deutschen Gesellschaft nicht unterkriegen zu lassen, aber sich auch nicht abzukapseln. Bei uns ist ziemlich viel normal, was woanders eher ungewöhnlich ist: Frauen und Männer haben die gleichen Rechte. Viele Leute laufen leicht bekleidet durch die Stadt. Schwule und Lesben gehören zur Gesellschaft dazu, und jeder kann über Religionen Witze machen. All das mag für Menschen aus einem anderen Kulturkreis gewöhnungsbedürftig sein, aber für die Deutschen war der Weg zu diesen Errungenschaften lang, und sie sind stolz auf das Erreichte.

Jeder, der zu uns kommt und nach Abschluss der Verfahren voraussichtlich länger bleiben wird, ist herzlich eingeladen zu zeigen, was er kann. Im Grunde genommen ist es egal, woher jemand kommt. Viel wichtiger ist und muss sein, wohin man will. Deutschland ist ein Land der Chancen. Wer auf dem langen und beschwerlichen Weg bereits gezeigt hat, wie sehr er sein Leben selbst in die Hand nehmen will, der kann es auch in Deutschland schaffen. Ob in der Flüchtlingsunterkunft, in der Nachbarschaft, im Unternehmen – jeder soll sich ermuntert fühlen, sich einzubringen. So können wir gemeinsam daran arbeiten, dass es Deutschland in zehn Jahren noch genauso gut geht wie heute. Voraussetzung dafür ist, die neue Heimat zu verstehen. Das fängt bei der Sprache an, bei den Verhaltensweisen, wenn Menschen aufeinandertreffen, bei kulturellen oder auch modischen Codes, die sich wie selbstverständlich in unserem Alltag etabliert haben. All dies und noch viel mehr will dieses Buch anschaulich aufbereiten, für die, die in den letzten Wochen neu in Deutschland angekommen sind, ebenso wie für die, die schon lange da sind.

Ich wünsche ihm viele Leser.

Jens Spahn
Parlamentarischer Staatssekretär
beim Bundesminister der Finanzen

»Marhaba, Flüchtling!« – Eine Idee und ihre Folgen

Kann ich sagen, wie Deutschland »tickt«? In der Flüchtlingskrise, in Sachen Zuwanderung, Integration, Islam? Viele Jahre lebte und arbeitete ich in Ländern des Nahen Ostens: in Syrien, dem Libanon, Ägypten, den Vereinigten Arabischen Emiraten – und immer wieder habe ich unmittelbar gespürt, wie die Menschen auf mich, den »Deutschen«, reagierten, welche Vorstellungen sie von uns haben, was Deutschland für sie bedeutet. Das führte dazu, dass ich immer wieder gefragt wurde: Was ist eigentlich deutsch? Was antworte ich, wenn mich arabische Menschen fragen »Mögt ihr keine Ausländer?«, »Esst ihr alle Schweinefleisch?«, »Warum habt ihr keinen Glauben mehr?«. Wenn wir nun überlegen, was wir arabischen Flüchtlingen, die zu uns kommen, über unser Land, unsere Kultur, unsere Geschichte, unser tägliches Leben erzählen wollen, dann sind mir die Fragen sehr vertraut. Viele davon habe ich mit meiner Sendung »Marhaba – Ankommen in Deutschland« zu beantworten versucht.

Am 25. September 2015 stellten wir bei *n-tv* die erste Ausgabe unseres arabischen Flüchtlingsmagazins online. Mit dem, was folgte, hatte ich nicht gerechnet: Tausende Zuschriften von Deutschen und Arabern, von Menschen und Medien aus aller Welt, die fragten, kommentierten, lobten und kritisierten. Viele schrieben mir, wie sie Deutschland sehen, was für sie unser Land ausmacht. Vorsicht ist geboten, bei alldem nicht in Verallgemeinerungen zu verfallen, die der Vielfalt unseres Landes nicht gerecht werden. In der Redaktion haben wir von dem »gemeinsamen Nenner« unserer Gesellschaft gesprochen: Was können wir für »Marhaba« als allgemeingültig für die große Mehrheit der Menschen zwischen Flensburg und Passau zusammenfassen? Aus den vielen Gesprächen, die ich im Laufe der Jahre mit arabischen Menschen in Ägypten, Syrien und anderswo geführt habe, aus den Zuschriften von Deutschen und Arabern zu »Marhaba« und aus den Diskussionen in unserer Redaktion versuche ich zusammenzutragen, was Deutschland in der Flüchtlingskrise heute ausmacht, wie wir ticken, was man über uns wissen muss. Aber auch, mit welchen Erwartungen, Vorurteilen und Unterschieden Menschen aus der islamischen Welt jetzt zu uns kommen. Vom gegenseitigen Verständnis wird abhängen, ob wir es schaffen, gemeinsam eine friedliche Zukunft zu gestalten.

Diese Krise begann weit entfernt. Sie begann auf den Schlachtfeldern um Aleppo, in den Trümmern von Misrata, im Elend von Tripolis. Sie schwappte über das Mittelmeer nach Lampedusa, Lesbos und von dort ins Herz der Europäischen Union. Seit Sommer 2015 ist sie da, offiziell angekommen in Deutschland. Die Menschen, die man vorher nur als winzige Punkte auf Bildern von katastrophal überfüllten Flüchtlingsbooten sah, stehen nun vor dem Berliner Landesamt für Gesundheit und Soziales (LaGeSo), warten auf Bahnhöfen oder an Bushaltestellen. Mehr als eine Million Flüchtlinge haben wir bis Ende 2015 aufgenommen – es ist eine nie dagewesene Situation, eine Herausforderung für Politik, Wirtschaft, Gemeinschaft, aber auch für die Medien.

Von September 2015 bis September 2016 moderierte ich Deutschlands erste arabischsprachige Sendung für Flüchtlinge: »Marhaba – Ankommen in Deutschland«. Darin wollte ich in kurzen Videoclips auf Arabisch einen Eindruck davon geben, was uns Deutsche und unser Land ausmacht. Die Idee dazu kam mir während meiner Elternzeit im September 2015. Meine Frau und ich verfolgten intensiv Talkshows und politische Debatten zum Thema Flüchtlinge. Und wir ärgerten uns über viele davon. Man redete vor allem *über* Flüchtlinge und kaum *mit* ihnen. Meine Frau gab den Anstoß: »Warum erklärst du nicht auf Arabisch, was gerade in unserem Land diskutiert wird? Du sprichst die Sprache, und jetzt kommen Hunderttausende, die sie auch sprechen und Hilfe brauchen, und zwar dringend.«

Montags erzählte ich der *n-tv*-Chefredakteurin Sonja Schwetje von der Idee, und bereits am Freitag war die erste Folge online. Wir hatten uns ganz bewusst dagegen entschieden, Pressearbeit für das Format zu machen. *BILD* war für die Aktion »*BILD* hilft« heftig in die Kritik geraten. Es gehe der Zeitung gar nicht um Hilfe, sondern um Eigen-PR, hieß es. Diesen Vorwurf wollten wir uns nicht machen lassen. Es gab keine Pressemitteilung, keinen Hinweis auf das neue Format. Wir hatten auch gar keine Vorstellung davon, ob es überhaupt bei unseren Adressaten, den Flüchtlingen, ankommen würde. Denn *n-tv* ist ein Sender, der sich an deutsche Nutzer richtet.

Freitagabend stellten wir die erste Folge auf der *n-tv*-Website online und luden sie bei Facebook hoch. Der denkbar ungünstigste Zeitpunkt der Woche, um möglichst viele Menschen zu erreichen, denn ab Freitagnachmittag sackt der Online Traffic üblicherweise in den Keller. Wer hohe Klickzahlen erreichen will, postet seine Inhalte zu Bürozeiten – morgens oder mittags. Umso erstaunter waren wir, als wir quasi im Minutentakt sehen konnten, wie die Abrufzahlen in die Höhe schnellten. Innerhalb kürzester Zeit waren wir bei über 200 000 Abrufen, was für *n-tv.de* eine Menge ist. Und nicht nur das! Unser Video verbreitete sich bis zum Sonntag auch rasant unter arabischen Facebook-Nutzern. Prominente arabische Medienpersönlichkeiten wie der TV-Moderator Mohammed Obeid und der Blogger Sultan al-Qassemi retweeteten und posteten die Sendung – das hat sicherlich auch zu der Aufmerksamkeit in der arabischen Welt beigetragen. Schon nach ein paar Tagen wollten *Al-Jazeera*, *Skynews Arabia* und fast alle großen Medien der Region über das Programm berichten. Das klang dann meist so, als würde *n-tv* künftig ein 24-stündiges Vollprogramm auf Arabisch ausstrahlen. Plötzlich erhielten wir zahlreiche Bewerbungen von Journalisten aus Beirut, Kairo oder Dubai, die gern für unser arabisches Programm arbeiten wollten. Russische und US-amerikanische Sender wie *LifeNews* oder *ABC* berichteten ebenfalls ausführlich. Die fünfminütigen »Marhaba«-Clips wurden für uns zu einem beeindruckenden Beispiel dafür, wie in Zeiten der sozialen Netzwerke Inhalte weltweit geteilt werden und sich verteilen können.

Die Reaktionen auf das Programm haben alle meine Erwartungen bei weitem übertroffen. Nicht nur in Bezug auf die Berichterstattung über unser Online-Programm. Auch die direkten Zuschauerreaktionen haben uns regelrecht überrollt. Innerhalb weniger Wochen erreichten uns mehr als 6000 Zuschriften. Knapp die Hälfte von arabischen Nutzern, die restlichen von deutschen. Während die arabischen Zuschriften geradezu euphorisch waren, stellte sich das Meinungsbild bei den deutschen Zuschauern sehr viel gespaltener dar, was sicherlich das Stimmungsbild in der Bevölkerung allgemein widerspiegelt. »Zum KOTZEN … kein anderes Land auf der Welt kriecht seinen Einwanderern so tief in den Arsch wie Deutschland!«, schrieb ein Zuschauer unter den Beitrag auf der *n-tv*-Website. Ein anderer: »Seid ihr noch stolz auf so nen scheiss? Meint ihr, dass es in den arabischen Ländern Deutsche Untertitel gibt!?« Andere wollten wissen, ob der Programmdirektor kiffe, prognostizierten »Deutschlands Ende« und fragten, ob es überhaupt noch echte Deutsche in Deutschland gäbe. »In diesen Tagen und kommenden Monaten verlieren wir unwiederbringlich unsere Heimat, unsere Kultur und vor allem unseren Frieden«, teilte mir ein Zuschauer per Mail mit. Ein anderer forderte: »Hier wird Deutsch gesprochen, ihr Bettnässer!«, oder kurz und knapp: »Mehr haba genug!«

Dem gegenüber stehen zahlreiche positive Kommentare, die mich per Facebook, aber auch per Mail erreichten. »Deine Arbeit ist unglaublich wichtig, bitte hör nicht auf!!! Weitermachen!!«, schrieb ein deutscher Zuschauer. Eine Frau, die ehrenamtlich Flüchtlinge betreut, bedankte sich für die »Marhaba«-Clips, die sie hervorragend in ihren Unterricht einbauen kann.

Noch immer melden sich viele Syrer und erzählen mir ihr Schicksal, bitten um Hilfe oder danken für »Marhaba«. Eine junge Syrerin schreibt: »I need your help … Ich bin Syrerin und lebe seit 5 Jahren in Berlin. Die Situation in Syrien wird immer schlimmer. Alles bricht zusammen. Ich habe meine Freunde, Verwandten und Nachbarn im Krieg verloren. Ich bin nach Berlin gekommen, um Frieden zu finden und zu arbeiten. Ich habe in Damaskus einen Universitätsabschluss in Architektur gemacht.« Diese junge Frau bittet mich darum, ihr bei dem beruflichen Einstieg, bei der Suche nach einem Praktikum oder Volontariat behilflich zu sein. Sie schreibt weiter: »Ich muss mich an die deutsche Kultur anpassen und mich in der Gemeinschaft einfügen.«

Es gibt nicht nur bei dieser jungen Frau das Bedürfnis, sich in die deutsche Gesellschaft einzugliedern, dazuzugehören.

Eine andere Zuschauerin schreibt: »Herr Schreiber … zuerst moechte ich Ihnen sehr danken, dass Sie das Leben in Deutschland fuer die arabischen Fluechtlinge erklaeren. Ich komme selbst aus Syrien, bin seit zwei Jahren in Deutschland, bin aufgrund des Krieges nach Deutschland geflohen!! Weil die Frauen in arabischen Laendern keine Rechte, Freiheit oder Selbststaendigkeit haben!!« Diese Frau erklärte mir, dass sie aus einer sehr weltoffenen Familie stamme, für die Beziehungen zwischen jungen Menschen oder Sex vor der Ehe kein Problem seien. Auch in Sachen Alkohol sei die Familie liberal. Genau deshalb sei sie in Syrien verfolgt worden, und jetzt fühle sie sich auch in Deutschland von religiösen Arabern verfolgt. Sie schrieb weiter: »Ich weiß nicht, was ich tun kann?! Deswegen bitte ich Sie, darueber zu sprechen, dass nicht alle arabischen Familien gleich denken. So wie ich die Frauen mit Kopftuch respektiere, muessen sie auch mich respektieren, oder?!« Solche und ähnliche Mails und Briefe erreichten mich täglich.

Die erste Staffel »Marhaba« war auf zehn Folgen angelegt. Im Dezember 2015 kam das Format dann ins Fernsehen: als erste deutsch-arabische Talkshow speziell zu den Themen Zuwanderung und Integration. Für die erste Staffel hatten wir uns zehn Punkte überlegt: Das müssen Flüchtlinge über unser Land wissen! – Viele werden sich fragen: Ist das wirklich das, was Deutschland ausmacht? Und was verrät es über meine Einstellung zu den Menschen in der arabischen Welt, dass ich diese Themen so darstelle, wie ich sie darstelle?

Wenn ich über unsere Hobbys, unsere Kleidung oder unsere Liebesbeziehungen schreibe, dann lege ich damit natürlich nahe, dass das in der arabischen Welt ganz und gar anders ist, vielleicht tabu oder unvorstellbar. Reduziere ich die Menschen im Nahen Osten auf Kopftuch und Koran? Bereits auf die erste Folge, in der ich erklärte, dass man in Deutschland an roten Ampeln hält, durchschnittlich von 9 Uhr bis 17 Uhr arbeitet und am Wochenende freihat, erhielt ich ein ausgesprochen kontroverses Feedback. Einige deutsche Zuschauer hatten mir daraufhin Rassismus vorgeworfen, weil ich die arabischen Flüchtlinge für dumm verkaufen würde und ihnen offenbar nicht zugestehe, ganz banale Dinge zu wissen. Das liegt mir natürlich fern. Ich habe lange im Nahen Osten gelebt und gearbeitet. Ich weiß um die Vielfalt, die es in arabischen Gesellschaften gibt: von ultrakonservativ bis liberal. Aber auch jenseits aller Klischees ist es Fakt, dass manche Gegebenheiten in der arabischen Welt einfach anders sind und es deswegen Sinn macht, auf so vermeintlich banale Dinge wie rote Ampeln hinzuweisen.

Als ich als Journalist im Libanon war, erklärte mir ein Kollege einmal, die meisten Autofahrer würden annehmen, die Straßenmarkierungen seien zur Zierde da. Rote Ampeln gibt es natürlich auch in der arabischen Welt, aber wer sich auf Ampeln verlässt, wird schnell feststellen, dass er keinen Meter vom Fleck kommt, weil alle um ihn herum sämtliche uns bekannten Verkehrsregeln ignorieren. Selbst in scheinbar westlichen Orten wie Dubai ist das so eine Sache. Achtspurige Autobahnen durchziehen das gesamte Wüstenemirat, und trotzdem steht man permanent im Stau oder sieht nicht selten ausgebrannte Busse als Ergebnis schrecklicher Verkehrsunfälle. Von 2007 bis 2009 arbeitete ich als Korrespondent in Dubai. Damals erzählte mir ein Kollege von einer Bevölkerungsgruppe, die aus Indien nach Dubai gekommen war, der es verboten ist, im Leben zurückzublicken. Das umfasse leider auch das Benutzen von Rückspiegeln, weswegen diese Mitbewohner des Emirates häufig ohne Rücksicht und geradezu selbstmörderisch die Spur wechselten. Ich konnte nie verifizieren, ob es sich dabei um eine Legende handelte oder tatsächlich der Wahrheit entsprach.

Aber natürlich haben wir bei bestimmten Themen Klischees im Kopf, zum Beispiel wenn es um das Verhältnis zwischen Männern und Frauen geht, um das Thema Liebe und Sex. Selbst bei noch so aufgeklärten Arabern oder in so vermeintlich westlichen und fortschrittlichen Orten wie Beirut liegt diesen Themen ein vollkommen anderes kulturelles, gesellschaftliches Verständnis zugrunde.

Gleichzeitig ist mir vollkommen bewusst, dass sich Deutschland mit seiner Geschichte, seinen unterschiedlichen Bundesländern, Menschen und Dialekten nicht in zehn Kapiteln pauschal erklären und zusammenfassen lässt. Das Leben der Menschen bei uns zeichnet sich durch große Vielfalt aus.

Wunderwort »Integration«

Die Frage, die über all den Debatten und natürlich auch über diesem Buch schwebt, ist: Kann es gelingen, Menschen zu integrieren, die aus einem völlig anderen Kulturkreis stammen und einen anderen Glauben haben (der in ihrem Leben auch eine andere Rolle einnimmt als Glaube bei uns)? Wäre zumindest eine friedliche Koexistenz denkbar? Oder steuern wir auf eine gesellschaftliche Zerreißprobe zu – Ausgang ungewiss?

Gesellschaften, Kulturen und Länder haben sich immer verändert. Das gilt für die Länder des Nahen Ostens ebenso wie für Deutschland. Als Teil des römischen Reiches war Syrien einst eine Keimzelle christlicher Kultur. Bis zum Ausbruch des Bürgerkriegs spielte die christliche Minderheit des Landes, immerhin knapp zehn Prozent der Bevölkerung, eine wichtige Rolle in Wirtschaft und Politik. Seit Beginn des Kriegs teilt die christliche syrische Gemeinde in weiten Teilen das Schicksal der Christen im Irak, Libanon und Ägypten: Wer kann, der geht.

Nachdem Saddam Hussein gestürzt wurde, sind mehr als 1,5 Millionen Christen aus dem Irak geflohen. Immer wieder gab es Bombenanschläge auf Kirchen und Geiselnahmen, bei denen zahlreiche Menschen getötet wurden. Inzwischen leben im Irak, wo es einst eine große christliche Gemeinde mit politischem Einfluss gab, weniger als ein Prozent Christen.

Ägypten war einst eines der ersten christlichen Länder der Welt. Bis heute sind die christlichen Kopten eine große und einflussreiche Minderheit im Land, die trotz einiger Angriffe durch Islamisten eine wichtige Stellung genießen. Der reichste Mann Ägyptens, Mobilfunk-Tycoon Naguib Sawiris, ist Kopte.

Der Libanon war lange ein vor allem christlich geprägtes Land. Bis in die 1970er Jahre hinein war die Mehrzahl der Libanesen christlichen Glaubens. Seitdem hat sich auch hier die Demografie geändert. Sunniten und Schiiten haben häufig kinderreichere Familien, was dazu führt, dass sich die Balance zwischen Muslimen und Christen verschiebt. In dem kleinen Land, das nicht zuletzt wegen der religiösen Spaltungen in einem 15 Jahre dauernden Bürgerkrieg nahezu komplett zerstört wurde, eine heikle Entwicklung. Insbesondere weil die höchsten Staatsposten nach einem Proporz vergeben werden, der Christen, Sunniten und Schiiten gleichermaßen berücksichtigt. Gerät die bisherige demografische Balance aus dem Gleichgewicht, liegt es nahe, dieses Proporzsystem in Frage zu stellen – mit möglicherweise gravierenden politischen Folgen.

Im Nahen Osten stirbt sozusagen gerade eine 2000 Jahre alte christliche Geschichte und Tradition.

Aus unserer westlichen Perspektive wird dieses Phänomen recht selten thematisiert. Das ist erstaunlich, befassen wir uns doch sehr intensiv mit dem islamischen Nahen Osten, aber selten mit dem christlichen.

Das christliche Erbe in Syrien, dem Irak oder dem Libanon ist beeindruckend, es sind die ältesten Zeugnisse unserer christlichen kulturellen Ursprünge. Zwischen 2002 und 2009, als immer mehr Touristen Syrien bereisten, war der Ort Maalulah besonders beliebt – eine kleine Stadt, etwa eine Autostunde von Damaskus entfernt, in der die Menschen bis heute Aramäisch sprechen, die Sprache Jesu Christi. Ich war 1999 zum ersten Mal dort, als mich eine befreundete syrische Familie zum Fest der heiligen Thekla mitnahm. Wir fuhren damals – es war September, und die Nächte waren bereits kalt – in der Dunkelheit durch die kahlen Berge nördlich von Damaskus. In der Nacht feierten die Einwohner Maalulahs das Fest der heiligen Thekla, die der Legende nach hier Zuflucht vor ihren römischen Verfolgern gefunden hatte. Vom Dach eines Hotels konnten wir die feiernden Menschen beobachten, während wir Schischa (Wasserpfeife) rauchten. Tausende Menschen strömten auf dem Weg zum Kloster durch die hügelige Stadt. Auch für viele junge christliche Syrer war der Abend ein Höhepunkt des Jahres. Vor einiger Zeit musste ich lesen, dass der IS Kulturschätze aus Maalulah verkauft, um damit seinen irren Krieg zu finanzieren. Ein Ort mitsamt seiner Geschichte – wahrscheinlich für immer verloren.

Die arabische Welt entwickelt sich gerade zu einer einheitlich islamischen Gesellschaft, in der Minderheiten oder Andersdenkende oder weniger religiöse Menschen immer weniger einen Platz haben.

Kann Integration gelingen?

Häufig werde ich nach meiner Einschätzung gefragt, wie es denn weitergehe mit der Integration all der Muslime, die zu uns kommen. Und natürlich, ob die Situation unseren gesellschaftlichen Frieden gefährde. Wenn ich es realistisch betrachte, muss ich sagen: Die Gefahr, dass es zu Verwerfungen, zu einer Spaltung der Gesellschaft kommt, ist zurzeit größer als die Chance, dass bei uns eine neue, friedliche gemeinsame Kultur entsteht, in der sich Elemente der verschiedenen bei uns lebenden Gruppen zu einer neuen Identität zusammenfügen. Doch es gibt durchaus ein paar Indizien, die darauf hinzudeuten scheinen, dass bereits eine kulturelle Fusion bei uns stattfindet. Wenn man in Köln oder Berlin in der U-Bahn unterwegs ist, sprechen viele Jugendliche inzwischen einen »dürkischen« Slang, eine Mischung aus Deutsch und Türkisch, und zwar auch die Jugendlichen deutscher Herkunft. Es mag für ältere Generationen sehr ungewohnt und sprachlich wenig kunstvoll klingen, wenn ein Junge sagt: »Isch geh Aldi.« Aber gerade das ist die Form der kulturellen Weiterentwicklung, die es zu jeder Zeit gegeben hat. Sprache verändert sich, wir verändern uns. Wenn das Integration oder Zusammenleben bedeutet, dann ist das gut. Es ist naiv, zu denken, »die« integrieren sich in unsere Gesellschaft und »wir« bleiben unverändert.

Gleichzeitig haben die Abwehrreaktionen in den vergangenen Jahren zugenommen. Sieht man sich Statistiken zur Bevölkerungsentwicklung an, gibt es grundsätzlich keinen Anlass zur Sorge vor »Überfremdung« in Deutschland, doch es gibt einzelne Mikrokosmen, in denen anderes zu beobachten ist. Beispiel: Berlin-Neukölln. Mehr als 41 Prozent der Menschen, die dort leben, haben einen Migrationshintergrund. Türken bleiben unter sich, Araber auch. Offenheit gegenüber unserem Land muss man nicht nur in Neukölln suchen. Im Berliner Stadtteil Wedding grüßte mich einmal ein Pulk junger Araber mit den Worten »Ey, du Deutscher!«, in ihren Augen eine Beleidigung. Bei jeder noch so wohlwollenden Betrachtung muss man also feststellen: Der Weg zu einer gelungenen Integration scheint noch weit zu sein.

Die Rolle der Medien

In Zeiten, in denen die Gräben zwischen Orient und Europa immer größer werden, wird auch der Ton in TV- und Online-Foren rauer. Objektiven Journalismus nach unserem Verständnis gab es eigentlich nie in der arabischen Welt. *Al-Jazeera* war ein bemerkenswerter Versuch, westliche Erfolgsmodelle des Journalismus wie die der *BBC* oder des *CNN* im Nahen Osten zu imitieren. Und eine Zeit lang sah es so aus, als würde das gut funktionieren.

Nach den Anschlägen vom 11. September 2001 und dem folgenden Krieg gegen die Taliban in Afghanistan hatte sich *Al-Jazeera* weltweit einen guten Ruf geschaffen. Als eine der wenigen Fernsehstationen berichtete der Sender auch während der Bombardements ständig aus Kabul und weiteren Landesteilen. Westliche Medien, die selbst keine Reporter vor Ort hatten, übernahmen häufig die Informationen des Senders und stuften ihn damit als zuverlässige Quelle ein. *Al-Jazeeras* Bedeutung und Einfluss in der arabischen Welt ist inzwischen beachtlich und stärkt damit das politische Ansehen des kleinen Landes Katar, in dem der Sender seinen Sitz hat.

Es ist sicher kein Zufall, dass *Al-Jazeera* inzwischen einen türkischsprachigen Kanal ins Leben gerufen hat. Auch gibt es inzwischen *Al-Jazeera* für die Balkanstaaten, die einzige Region in Westeuropa, die heute muslimisch geprägt ist. Wenngleich der Sender es in Stellungnahmen weit von sich weist, wird damit natürlich versucht, muslimische Gesellschaften in aller Welt an die Informationsquelle aus Katar zu binden. Die von dort kommenden Nachrichten haben seit einiger Zeit immer weniger mit objektiver Berichterstattung zu tun, sondern mit Aktivismus und einer klaren politischen Agenda. Besonders deutlich wurde dies bezüglich der jüngsten politischen Spannungen zwischen Katar und den Nachbarstaaten am Golf. Als internationale Medien leere Regale in Dohas Supermärkten zeigten, die darlegen sollten, wie sehr das Land unter der Isolierung durch andere arabische Staaten leidet, zeigte *Al-Jazeera* Bilder von vollen Regalen mit der Beschreibung, dass es keine Engpässe in Doha gebe.

Spätestens die ägyptische Revolution und der weitere Fortgang des sogenannten Arabischen Frühlings hat dem Aufblühen des Journalismus im Nahen Osten ein jähes Ende gesetzt. *Al-Jazeera* hat seinen Vertrauensvorsprung als einigermaßen objektive Quelle mittlerweile vollständig eingebüßt. Vor allem dem ägyptischen Ableger *Al-Jazeera Mubasher* wird seit Jahren unterstellt, dass er die Muslimbruderschaft unterstützt. In der Redaktion arbeiteten keine Journalisten, sondern Islamisten, wie der *Deutschlandfunk* 2014 herausgefunden haben will.

Ich war in den vergangenen Jahren häufig bei *Al-Jazeera* in Doha zu Gast, zuletzt in Vorbereitung auf die

Produktion der Sendung »Scitech«. Ich konnte live miterleben, wie sich die Arbeit und die Ausrichtung des Senders sukzessive verändert haben. »Scitech« ist ein arabisches TV-Magazin, das ich seit 2011 für den ägyptischen Sender *ONTV* produziere und moderiere. *ONTV* ist einer der größten Privatsender des Landes, gegründet von einem christlichen Ägypter, der sich trotz des für Journalisten schwierigen Umfeldes bemüht, ausgewogen über Themen zu berichten. Im Sommer 2015 hatten wir dann mit *Al-Jazeera* einen Deal vereinbart, der eine Ausgabe der Sendung für das katarische Medienunternehmen vorsah. In den Folgen sollte es unter anderem darum gehen, wie mit deutschem Know-how Flüchtlingscamps im Nahen Osten besser ausgestattet werden können. Im Laufe der Zusammenarbeit gab es immer wieder Versuche, dieser Wissenschaftssendung eine politische Note zu geben. Deshalb habe ich im Januar 2016 entschieden, bei diesem Projekt nicht mehr mitzuarbeiten.

Seit einiger Zeit erfreut sich der russische Sender *Rusiya Al-Yaum* (dt. *Russland heute*) immer größerer Beliebtheit in der arabischen Welt. Der Grund dafür: Viele erhoffen sich von dem Kreml-Sender einen Gegenentwurf zur westlichen Medienmacht.

Und hier? In Deutschland? Hier sind die meisten Menschen arabischer Herkunft sicher längst nicht medial angekommen. Da mögen sich Sender und Zeitungen noch so sehr bemühen. Im öffentlich-rechtlichen Fernsehen moderieren Dunja Hayali (ihre Eltern stammen aus dem Irak) und Mitri Sirin (türkisch-syrischer Abstammung), aber fragt man arabische Immigranten erster und zweiter Generation nach bekannten Journalisten und Journalistinnen, werden zuerst Namen wie Nadine Hani oder Rima Maktabi (beide *Al Arabiya*) genannt, zwei libanesische Moderatorinnen, die bei uns gänzlich unbekannt sind.

Aber was können, was sollten Medien in dieser Situation leisten? Ich gehe für »Marhaba« von der grundsätzlichen Rolle von Journalisten aus: Sie sollten ein Gespräch stellvertretend für ihre Leser und Zuschauer beginnen und fortführen. Medien sind dafür da, gesellschaftliche Debatten in unserem Land zu spiegeln und ihnen Raum zur Diskussion zu bieten – und zwar für alle, die diese Debatten betreffen. Die Sendungen werden von Flüchtlingen und Deutschen gleichermaßen gesehen. Sie diskutieren mit mir und untereinander. Das freut mich, auch wenn ich nicht immer ihrer Meinung bin.

Eng verbunden mit der Frage der Aufgabe der Medien ist auch die der Qualität des Journalismus: Wie gut oder schlecht bestellt ist es um die mediale Berichterstattung in Deutschland? Gerade bei der Berichterstattung über Krisen im Jahr 2015 haben einige Medien in Deutschland gar keine gute Figur gemacht. Die Flüchtlingskrise, der Krieg in der Ukraine, der Absturz der Germanwings-Maschine – Journalisten wurden heftig für ihre Berichterstattung kritisiert. Während der Flüchtlingskrise wurde deutlich, dass eine offenbar wachsende Zahl von Menschen in unserem Land nicht mehr daran glaubt, dass wir Journalisten unabhängig berichten. Das Schlagwort »Lügenpresse«, das unter anderem von den Pegida-Demonstranten in Dresden benutzt wurde, brachte das überspitzt zum Ausdruck: Das, was jeden Tag in Zeitungen steht, über unsere Bildschirme flimmert oder online auftaucht, deckt sich nicht mehr mit der Wirklichkeit im Land. Wir Journalisten haben zumeist laut aufgeheult: Alles Unsinn. Und wer solche Vorwürfe äußere, sei ohnehin für sachliche Argumente nicht mehr erreichbar. Also abhaken und ignorieren. Aber ist es wirklich so einfach?

Ein Kollege berichtete mir von einem TV-Sender, der testen wollte, wie ausländerfeindlich der Osten Deutschlands wirklich ist. Die Redakteure beauftragten einen Mann mit schwarzer Hautfarbe, eine Radtour von Halle bis Rostock zu machen. An seinem Fahrrad montierten sie eine kleine Kamera, die alle rassistischen Pöbeleien oder Übergriffe aufzeichnen sollte. Einige Tage und viele Fahrradrunden durch ostdeutsche Städte später stellte die Redaktion ernüchtert fest, dass es keine fremdenfeindlichen Vorfälle gegeben hatte. Im Gegenteil: Der fremd aussehende Mann wurde einige Male freundlich gefragt, ob er Hilfe brauche. Einen Beitrag im deutschen Fernsehen darüber, wie freundlich der Mann in den Kleinstädten behandelt wurde, hat es aber bis heute nicht gegeben.

Die beiden Berufsgruppen, die in Deutschland in Umfragen regelmäßig das geringste Vertrauen ausgesprochen bekommen, sind Politiker und Journalisten. Viele Menschen sind der festen Meinung, dass Medien nicht mehr die Plattform für gesellschaftliche Debatten sind oder eine zuverlässige Informationsquelle, sondern dass deutsche Medien öffentliche Meinung beeinflussen wollen – im Sinne verschiedener Parteien, Organisationen und Ideologien.

Die Grundannahme, was man in Zeitungen, online und im TV zu sehen, zu hören und zu lesen bekomme, sei nicht unbedingt objektiv, strahlt inzwischen auf alle Sender und Medienhäuser ab – mit der Folge, dass mediale Fixsterne nicht mehr die Bedeutung haben, die sie einst hatten. Das Zusammentragen und Verbreiten von Informationen via Facebook und Twitter hat für viele Menschen die »Tagesschau« bereits abgelöst.

Uns Journalisten mag es dabei ähnlich gehen wie den Politikern. Wir bewegen uns in einer ganz anderen, eigenen Welt. Reden, arbeiten und diskutieren mit Journalisten in den Redaktionen, treffen Kollegen anderer Medienhäuser bei Veranstaltungen und Terminen. Das Leben spielt sich in Berlin, Hamburg und Köln ab – den Städten mit der höchsten Dichte an großen Medienhäusern. Da kann es passieren, dass wir den Draht zu den Menschen, die uns lesen, sehen oder hören, ein Stück weit verlieren. Im Frühjahr 2015 habe ich das einige Male recht deutlich gemerkt. Damals kam das Buch *1000 Peitschenhiebe* heraus, für das ich die Texte des saudischen Bloggers Raif Badawi zusammengetragen hatte. Raif Badawi sitzt in Saudi-Arabien im Gefängnis. Sein Verbrechen: Er hatte sich in seinen Blog-Beiträgen kritisch mit der Führung seines Landes und der Rolle der Religion im saudischen Alltag auseinandergesetzt. Zunächst zum Tode verurteilt, wurde seine Strafe dann unter anderem in 1000 Stockschläge umgewandelt. Die ersten Schläge wurden im Januar 2015 verabreicht, was weltweit zu Protesten geführt hatte.

Das Buch war ein großer Erfolg, und ich reiste zu zahlreichen Terminen in ganz Deutschland, häufig außerhalb der großen Zentren. Mir haben diese kurzen Reisen und die Begegnungen mit den Menschen recht deutlich die Augen geöffnet: Was für uns in Berlin normal ist, das ist in den vielen kleinen und mittelgroßen Städten Deutschlands längst kein Alltag. Multikulti à la Berlin-Neukölln gibt es dort nicht.

Man bewegt sich auf einem schmalen Grat, wenn man den Anspruch hat, die Sorgen und Ängste der Menschen medial ernst zu nehmen und zu thematisieren, ohne denjenigen eine Plattform zu bieten, die in der Tat keine demokratisch-gesellschaftliche Debatte über das Thema führen wollen, sondern nur hetzen, pöbeln, spalten. Die Sache ist allerdings die: Je deutlicher Medien und Medienvertreter »pro Flüchtlinge« Stellung beziehen, desto größer ist die Gefahr, dass eine wachsende Zahl von Menschen das Gefühl bekommt, da wird nicht Information, sondern ein staatliches Gesinnungsprogramm vermittelt. Damit einhergehend werden Internet und Online-Foren zunehmend zu einem Schlammbecken übler Hetze. Je weniger gewollt Teile einer Diskussion im Rahmen unserer medialen Formate sind, desto mehr wandern diese Diskussionen ins Netz ab, wo sich dann die treffen, die glauben, Staat und Medien hätten sich in irgendeiner Weise verschworen. Das müssen wir Journalisten im Blick haben und versuchen, auch denen Wort und Sendezeit zu geben, deren Haltung und Ziele wir persönlich verurteilen. Wir sollten der Mehrheit unserer Zuschauer zutrauen, selber die richtigen Schlüsse zu ziehen.

Selbstbild und Fremdbild

Die Frage ist: In was für einem Land wollen wir leben? Wie muss es sein? Es muss unsere Freiheit schützen, Meinungsvielfalt dulden und jedem die Möglichkeit geben, zu gestalten – das zumindest wäre meine Antwort darauf.

Die Flüchtlingskrise bietet Diskussionsstoff für viele Stammtische, oftmals auf entsprechendem Niveau. Neulich hörte ich, wie zwei Toilettenfrauen sich unterhielten und sich darüber beschwerten, dass die Flüchtlinge alle Turnhallen blockierten und sie so keinen Sport mehr machen könnten. In der Bahn verfolgte ich, wie sich zwei Tageszeitungsleser wütend über die Erhöhung der Krankenkassenbeiträge 2016 äußerten. Einer sagte: »Die Flüchtlinge kriegen alles, was sie wollen, und wir sind wieder die Dummen.« Stammtischparolen? Ja, aber vor allem ein guter Fang für Parteien wie die rechtspopulistische Alternative für Deutschland (AfD). Die Aufgabe der Bundeskanzlerin ist derzeit keine geringere, als alle mitzunehmen. Das heißt: Die Flüchtlingskrise darf keine Angelegenheit von Studenten aus gutem Hause bleiben, die sich gern ehrenamtlich engagieren, sondern sie muss auch an die herangetragen werden, die sich per se vom Staat schlecht behandelt fühlen. »DIE kriegen alles, WIR immer weniger!« – Ein solches Empfinden birgt eine große Gefahr.

Derzeit tut der deutsche Staat viel, um Menschen aus fremden Ländern dabei zu helfen, unsere Werte und Geschichte zu verstehen und in unseren Strukturen anzukommen. Keine leichte Aufgabe. Kann man das jemandem übelnehmen? Stellen Sie sich vor, wir als »Deutsche« würden quasi über Nacht nach China einwandern. Sei es, weil wir uns dort einen Job erhoffen oder weil wir, wie jetzt viele Syrer, fliehen müssen. Würden wir begeistert Broschüren der chinesischen Regierung lesen, Kurse besuchen, in denen man uns von chinesischer Geschichte erzählt und uns chinesische Bräuche näherbringt? Wir würden es vielleicht machen, wenn es sein müsste. Begeisterung und wahres Interesse wären aber wohl kaum zu erwarten.

Dass es auch anders geht, zeigt gerade ein Beispiel aus der arabischen Welt. Der arabische Mediengigant MBC kaufte zu Beginn der 2000er Jahre massenhaft türkische Seifenopern, um sie dann synchronisiert auszustrahlen. Diese Soaps wurden innerhalb kürzester Zeit in der gesamten arabischen Welt immens populär – was den erstaunlichen Effekt hatte, dass zahlreiche Menschen plötzlich erstaunlich genaue Kenntnisse von Leben, Kultur und Geschichte in der Türkei hatten. Die türkischen TV-Schauspieler wurden zu echten Stars. Das war natürlich nicht beabsichtigt, schon gar nicht als interkulturelle Maßnahme. Es hat sich einfach so ergeben. Aber es zeigt: Häufig erreicht man die Menschen ganz ohne großen Plan, wenn man nur ihre Neugier und ihr Interesse weckt, und sei es mittels Unterhaltung in Form einer Soap. Staatliche Informationsprogramme gehen, schon allein weil sie staatlich sind, mit einem Belehrungsanspruch einher, gegen den sich viele sträuben. Zum großen Bedauern der Politik ist es also kaum planbar, welche Informationen, welches Bild, welche Ideale von Deutschland wirklich erfolgreich vermittelbar sind.

Wie sieht die arabische Welt unser Land?

Deutschland nimmt aus der arabischen Perspektive eine besondere Stellung ein. Denn anders als Großbritannien, Frankreich, Spanien und Italien haben wir keine koloniale Vergangenheit im Nahen Osten. Es gab keine Deutschen, die sich arabisches Land aneigneten und deren Bewohner zu Untertanen machten. Deutsche und Araber – sie waren gewissermaßen immer auf Augenhöhe.

Traurige Realität ist allerdings, dass der Zweite Weltkrieg und die Ermordung von Millionen Juden bei manchen Menschen in der arabischen Welt den Glauben geprägt haben, die Deutschen teilten mit ihnen eine antisemitische Grundhaltung. Einmal, als ich mich im Libanon als Deutscher zu erkennen gab, reckte ein junger Mann die flache Hand nach oben und rief »Heil, Hitler«. Ich war zutiefst erschrocken, meine Erklärungsversuche liefen ins Leere.

In den vergangenen 15 Jahren haben einige Ereignisse den arabischen Blick auf unser Land und das Verhältnis zwischen Deutschland und dem Nahen Osten nachhaltig geprägt. Da ist zuallererst natürlich der

11. September 2001, der mit einem Mal ein Schlaglicht auf die islamisch-arabische Welt warf. Das Schlaglicht fiel aber auch auf die Tatsache, dass der Islamismus mitten unter uns wachsen konnte. Mohammed Atta, einer der Attentäter vom 11. September, lebte in Hamburg – unauffällig, bis er eine American Airlines Maschine in den Nordturm des New Yorker World Trade Center steuerte.

Deutschland werde von Islamisten als »Rückzugsraum« genutzt, so lautete die damalige Erkenntnis der Sicherheitsexperten. Möglicherweise hat sich daran bis heute nicht viel geändert.

Als Folge des 11. September erklärte der Westen den Taliban in Afghanistan den Krieg. Bis dato kannten nur wenige Deutsche den Namen Osama bin Laden oder sein Terrornetzwerk Al-Qaida. Doch plötzlich verteidigten wir unsere Sicherheit am Hindukusch und zogen zum ersten Mal in einen Krieg gegen Islamisten. Die bittere Bilanz: Die Taliban existieren nach wie vor und herrschen auf lokaler Ebene über weite Teile Afghanistans. Ein von sich aus überlebensfähiger Staat ist das Land bis heute nicht. Freiheit, Sicherheit, Demokratie – all das, was der Westen nach Afghanistan bomben wollte, ist so weit entfernt wie eh und je.

Die USA unter Präsident George W. Bush forcierten 2003 den Einmarsch in den Irak, der schließlich zum Sturz Saddam Husseins führte. Es war die Entscheidung des damaligen Bundeskanzlers Gerhard Schröder, nicht der »Koalition der Willigen« beizutreten und sich aus dem Einmarsch herauszuhalten – wobei Deutschland den USA beim Irakkrieg dennoch mit logistischer Unterstützung geholfen hat, was aber in der öffentlichen Wahrnehmung damals eine eher untergeordnete Rolle spielte. Diese Entscheidung jedenfalls hat maßgeblich dazu beigetragen, dass Deutschland bis heute einen herausgehoben positiven Ruf in der arabischen Welt genießt und als latent pro-arabisch gilt. Man hatte das Gefühl, es gebe einen gemeinsamen politischen Nenner, zumindest unterstellte man Deutschland nicht – wie eben den USA, Frankreich oder Großbritannien –, eine eigene Agenda im Nahen Osten zu verfolgen. Auch das deutsche Nein zu der Flugverbotszone über Libyen 2011 verstärkte diesen Eindruck.

Angela Merkel galt in Beirut, Damaskus oder Dubai lange als ein »Phantom«. Man wusste zwar, es gibt sie, aber sie war so unsichtbar und unauffällig, dass kaum ein Bewohner der arabischen Welt irgendetwas mit dieser Bundeskanzlerin verband. Selbst Entscheidungen wie die, sich an den Luftangriffen gegen das Gaddafi-Regime nicht zu beteiligen, verhalfen Merkel nicht zu einer erhöhten Wahrnehmung in der Region.

Die kam dann schlagartig mit der Flüchtlingskrise, Merkel wurde zu einer Art Schutzpatronin der leidenden Syrer. »Angela Merkel, wir lieben dich« – diese Bilder wurden millionenfach in sozialen Medien im Internet geteilt. In arabischen Meinungsforen wurde die

deutsche Kanzlerin bejubelt. Sie war plötzlich in der internationalen Flüchtlingskrise das Gesicht der Menschlichkeit. Marah, das Flüchtlingsmädchen, das in »Marhaba« über ihr Leben im syrischen Krieg, ihre Flucht und ihr neues Leben in Deutschland berichtete, bedankte sich bei Angela Merkel persönlich. Die Kanzlerin habe für Flüchtlinge mehr getan als irgendwer sonst. Die Selfies der Kanzlerin mit Flüchtlingen, die Kollagen mit ihrem Konterfei, die sich in den sozialen Netzwerken verbreiteten mit der Aufschrift »Wir lieben dich« – all das hat das Bild, das die arabische Welt von der Kanzlerin und von unserem Land hat, beeinflusst. Als sie später in der Kritik stand, weil sie angeblich zu werbend für Flüchtlinge aufgetreten sei, sagte die Kanzlerin, man dürfe die Bedeutung von Selfies nicht überbewerten. Hier liegt die Kanzlerin falsch, das Signal dieser Bilder hat maßgeblich dazu beigetragen, dass sich Menschen in Richtung Deutschland auf den Weg gemacht haben, wie mir Flüchtlinge immer wieder in Gesprächen für meine Sendung »Marhaba« berichteten.

Das Merkel-Bild begann sich im Dezember 2015 zu ändern. Nach den grausamen Terroranschlägen in Paris, hinter denen klar islamistische Motive steckten, stimmte der Bundestag für einen Einsatz der Bundeswehr in Syrien. Das Ja zum Einsatz gegen den IS zog in den Zeitungen und sozialen Netzwerken der arabischen Welt weite Kreise. »Deutschland am Himmel über Syrien: Tornado-Einsatz bricht mit der Neutralität«, titelte etwa das Golf-finanzierte, in London ansässige Medium *Al-Araby Al-Jedid*. Eine Stimmung, die sich in vielen arabischen Medien und Online-Foren widerspiegelte: Jetzt bombardieren sie auch uns – uns, die islamischen Länder. Deutschland lieferte so den Islamisten die medialen Argumente, die sie brauchten, um ihren Krieg gegen den Westen zu rechtfertigen. Unsere Wahrnehmung, dass wir ja die bombardieren, vor denen die Menschen fliehen, ist nicht die Sicht der meisten Menschen, die in Syrien, im Irak, in Libyen leben. Sie sehen in der Einmischung des Westens – in der Vergangenheit wie in der Gegenwart – den Grund für das politische Kollabieren der Region.

Nach der Woge positiver Berichterstattung über Deutschland im Zuge der offenen Flüchtlingspolitik schrieb die jordanische Zeitung *Nissan* plötzlich enttäuscht: »Auch das ist Deutschland!« Ein Facebook-Nutzer namens Hamzeh Awadallah kommentierte: »Es ist wahr, wir werden in Dabiq aufeinander treffen, wie unser Prophet es vor 1400 Jahren gesagt hat.« Dabiq, eine Stadt in Nordsyrien, ist nach islamischem Verständnis der Ort, an dem zum Ende der Welt Christen und Muslime gegeneinander kämpfen – und die muslimischen Streitkräfte siegen werden.

Der Islamische Staat nutzt dieses Verständnis für seine Propaganda. »Oh Prophet, Oh Gott, Oh Mohammed, der Countdown hat begonnen!«, schrieb »Harr Bezaf«, offenbar ein Sympathisant des IS, auf Facebook. Als Befreiungsversuch für Syrien schien die deutsche Beteiligung niemand zu sehen – nicht die Kurden, nicht die Sunniten, nicht die Schiiten – weil die arabische Welt jede Einmischung von außen als Beitrag zur Destabilisierung ansieht. Nach der Bundestagsentscheidung schrieben Leser, etwa auf der Website des großen Nachrichtensenders *Al-Jazeera*: »So Gott will, werden die Schiffe der Invasoren, die Krieg über das arabische Volk bringen, auf den Grund des Meeres sinken, mit all jenen, die kamen, um Allahs unschuldiges Volk zu töten, um den Iran und Bashar zu befriedigen.« Im Verständnis vieler Araber ließen Verteidigungsministerin Ursula von der Leyen und Bundeskanzlerin Angela Merkel Deutschland plötzlich zur Kriegspartei werden. Eine Unterscheidung zwischen Kampf- und Aufklärungseinsatz wurde in der arabischen Welt ohnehin nie gemacht. »Aufklärung ohne Beteiligung am militärischen Einsatz? – Wer soll das glauben?«, fragte eine junge Araberin, die sich Aiad nennt, auf Facebook. Die Debatte über den Einsatz wurde in der arabischen Welt sehr aufmerksam verfolgt, insbesondere die Frage, ob der Westen Rebellentruppen für einen Bodeneinsatz nutzen solle. Das Misstrauen ist groß. In einem Forum hieß es: »Seid nicht dumm! Erst kämpfen sie mit uns, dann beseitigen sie uns!«

An fünf verschiedenen Orten hatten Islamisten am 13. November 2015 in der französischen Hauptstadt unschuldige Menschen angegriffen, töteten 130 von ihnen, verletzten fast 100 schwer. Was in westlichen Medien aus allen Blickwinkeln betrachtet wurde, war vielen arabischen Zeitungen gerade einmal eine Meldung wert. Über die Selbstmordanschläge, die fast zeitgleich Beirut erschütterten, wurde hingegen ausführlich berichtet. Auf der Website des katarischen TV-Senders *Al-Jazeera* musste man unmittelbar nach den Anschlägen lange nach Informationen zu Paris suchen. Libanon, Russland, Jemen, Israel – erst dann kamen Berichte zu der Lage in Frankreich. Natürlich hat die Gewichtung der Nachrichten auch damit zu tun, wie nahe ein Ereignis geografisch an seinen Lesern liegt, sie ist aber ebenso Ausdruck der Richtlinie eines Mediums. Die Berichte über die Anschläge in Paris wurden auf den Websites der großen arabischen Medien mit radikalen Kommentaren geradezu überschüttet. Da wurde offen Sympathie für Islamisten bekundet, Unrecht aus der Kolonialzeit aufgerechnet und tiefe Verachtung für westliche Medien geäußert. »Die Teufel Amerika, Frankreich, Großbritannien und Israel töten Unschuldige jeden Tag!«, war unter den Online-Texten zu lesen, oder: »Sie bombardieren muslimische Länder, unsere Söhne, zeichnen die scheußlichsten Karikaturen des Propheten Mohammed und stellen sich nun als Opfer dar? Was für Heuchler!« – »Der Westen treibt sein unappetitliches Spiel mit uns zwei Milliarden Muslimen. Sie zerstören unsere Länder und wollen Tyrannei, den Reichtum unserer Heimat vor unseren Augen plündern.«

Auf Facebook machten wilde Verschwörungstheorien die Runde: Israel stecke hinter den Anschlägen von Paris: »Israel und die USA haben mit der Entsorgung von Millionen Muslimen im Westen begonnen, indem sie erfolgreich diese Anschläge verübten.« – »Israel steckt dahinter, hat den Attentätern die falschen Pässe besorgt. Weil am Ende Israel der einzige Begünstigte ist und das Ziel verfolgt, seine Siedlungen auszuweiten und noch mehr Juden zur Auswanderung in den Nahen Osten zu bringen.« – »Was jetzt in Frankreich passiert, hat nichts mit Religion zu tun, sondern ist ein zionistischer Plan zur Auslöschung der Muslime. Sie wollen uns nur eine Wahl lassen: unsere Religion abzulegen und dem Glaubensbekenntnis der Juden und Christen zu folgen. Aber Allah ist der beste Planer!«

In den Wochen nach den Anschlägen erhielt ich verstärkt Post zu diesem Thema. Arabische Zuschauer fragten mich, warum es in Deutschland niemanden interessiere, wenn in Bagdad bei der Explosion einer Autobombe 200 Menschen sterben, es aber jeden interessieren muss, wenn Ähnliches in Paris geschieht. Auch auf den arabischen Medien-Websites gab es viele radikale Ansichten unter diesem Aspekt zu lesen. »Arabisches und muslimisches Blut hat nicht den gleichen Preis wie westliches. Wann werden die Menschen im Westen aufhören, den Wert von Blut zu unterscheiden?«, fragte ein Leser der *Al-Jazeera*-Website. Ein anderer: »Von den Anschlägen in Paris mit 150 Toten gibt es Videos, die Menschen bewegen. Aber was ist mit Israel? Israel hat allein im letzten Krieg 3200 Palästinenser getötet und 10 400 verletzt.«

Gleichzeitig, und das möchte ich ausdrücklich betonen, gab es viele solidarische Zuschriften und solche, die Bestürzung und auch Beschämung darüber äußerten, dass im Namen des Islam Menschen im Westen ihr Leben verloren haben. Viele Araber, die in Deutschland leben, zeigten sich tief besorgt, es könne eine Welle der Fremdenfeindlichkeit über unser Land schwappen. Ein Zuschauer schrieb: »Gestern bemerkte ich, wie eine Frau mich anstarrte, als müsse sie Angst vor mir haben. Was kann ich dagegen tun?«

Unter dem Hashtag #notinmyname distanzieren sich Muslime weltweit von dem Terror, der im Namen des Islam in Paris verübt wurde. Vor allem die Syrer, die vor dem Krieg nach Deutschland fliehen konnten, schickten mir Nachrichten, aus denen große Besorgnis sprach. Der Terror von Paris hat ihnen offenbar gezeigt: Vor uns seid ihr auch hier nicht sicher.

»Wieder einmal werden es die Muslime weltweit sein, die nun Ausgrenzung und Ablehnung spüren«, schreibt mir ein Zuschauer. Eine andere Zuschrift lautet: »Sie wollen doch, dass man uns alle mit dem IS gleichsetzt! Unsere Kinder sind die Ziele dieser Terroristen, in Syrien wie hier.« – »Wir bitten die Deutschen, uns zu schützen!«, schrieb ein Nutzer als Reaktion auf »Marhaba«. »Die Menschen in Deutschland haben berechtigten Anlass, die Muslime und den Islam zu hassen, wenn sie sehen, was unsere Brüder tun. Wir brauchen Werte und einen Neubeginn«, fordert ein anderer auf Facebook. Einige der Flüchtlinge schrieben mir auch Nachrichten, die mich nachdenklich und besorgt stimmten. Sie warnen davor, dass sich die Stimmung unter einigen Flüchtlingen, die zu uns kommen, nun radikalisieren könnte. »Passt bloß auf«, schrieben sie kurz oder: »Traut denen nicht!« Ein »Marhaba«-Zuschauer schrieb mir: »Wir saßen mit vielen Leuten zusammen, da sagte ein Mann aus Tartus (Westsyrien), wir müssten die Sache des Islamischen Staates nun in den Westen tragen. Constantin, ich bin auch Muslim, aber ich bin nicht wie diese Männer.«

Wie sehen wir unser Land?
So tickt Deutschland

Uns Deutschen fällt es schwer, darüber zu sprechen, was Deutschsein eigentlich bedeutet. Die Verbrechen der Nazi-Diktatur, der Zweite Weltkrieg und seine verheerenden Folgen – all das macht es für uns kompliziert, eine Art nationales Selbstbewusstsein zu entwickeln. Doch in Zeiten, in denen Millionen Menschen in unser Land wollen und auch hier ankommen, können wir uns der Frage nach unserer eigenen Identität nicht mehr entziehen. Die Neuankömmlinge haben ja offenbar eine klare Vorstellung von uns und unserem Land – und wir? Wie also definieren wir uns? Wir Berliner? Wir Norddeutschen? Wir Sachsen und Bayern? Gibt es einen gemeinsamen Nenner, in dem wir ein Deutschsein wiederfinden?

Mit Sicherheit gibt es ein Stereotyp des »Deutschen«: Biertrinker, Schnitzelliebhaber, Fußballfan, pünktlich auf die Minute und immer korrekt.

Fange ich bei mir an, finde schon ich mich in diesem Bild nicht wieder. Ich trinke lieber Rotwein als Bier, esse lieber Gemüse als Schnitzel und gucke Fußball nur, wenn eine Europameisterschaft oder Weltmeisterschaft ansteht. Sieht man sich im Berliner Stadtteil Prenzlauer Berg um, muss das Rollenbild eines durchschnittlichen deutschen Mannes sowieso komplett überholt werden. Dort ist es normal, als Mann Elternzeit zu nehmen, sein Baby in der Manduka durch den Kiez zu tragen. Man gibt viel Geld für ökologisch angebaute Lebensmittel aus, vorzugsweise vegetarisch oder vegan. Alternativer geht es hier immer: Yoga für Kleinkinder, Chinesisch-Unterricht für die ganze Familie. Was immer einem so einfallen mag. Ich wohne übrigens auch in diesem Viertel, und mir ist das manchmal ein bisschen viel.

Anders ist das sicherlich in Bayern, wenn man von München absieht. Ich habe unter anderem in Passau studiert. Bevor ich mein Studium 1998 dort begann, war ich noch nie in Niederbayern gewesen. Ich erinnere mich gut, wie ich im November dort ankam, über den Exerzierplatz ging und mir ein Paar in Dirndl und Lederhose begegnete. Ich kam aus dem Staunen gar nicht mehr heraus. Bis dahin konnte ich mir nicht vorstellen, dass es das gibt, dass Menschen so etwas wirklich tragen. Ich kannte Trachten nur vom Durchzappen im Fernsehen, aus öffentlich-rechtlichen Schlagershows. Als ich zum traditionellen Leberkäs-Empfang für die Erstsemester der Uni ging, wunderte ich mich über das viele Fleisch und fragte, wo es denn den Käse gebe. Ich habe selten in so fragende Gesichter geblickt. Die Sprache, die Kleidung, die Kultur – für mich war das alles sehr fremd. Hier zeigt sich, wie vielfältig unser Land ist, wie wenig sich Aussagen über unsere Kultur verallgemeinern lassen. Und wie wenig es allgemeingültige Anleitungen geben kann, wie »man« in unserem Land ankommt. Erst A, dann B, dann C, und dann bist du Deutscher? Das funktioniert nicht.

Für dieses Buch wollte ich von unseren Lesern und Zuschauern wissen, was Deutschland für sie bedeutet. Das ist natürlich nicht repräsentativ und umfassend, aber es kann einen Eindruck von der Stimmung geben, die derzeit in unserem Land herrscht.

»Deutschland heißt für mich Heimat, Geborgenheit, Vielfalt, Freiheit.«

»Geschlechtliche Gleichberechtigung, Religionsfreiheit, Toleranz. Keine Angst haben zu müssen. Speziell als Frau – unterwegs sein können, ohne sich unwohl zu fühlen, und sich ausleben können, ohne dass es jemanden etwas angeht.«

»Ich kann reisen, wohin ich will. Ich habe keine Angst vor Krieg, und ich werde immer ein Dach über dem Kopf haben.«

Lässt sich in Bezug auf verschiedene Generationen sagen, wie sie »ticken«? Der Nachkriegsgeneration, die unser Land aus der Asche wiederaufgebaut hat, sagt man Fleiß, Leidensfähigkeit, Gemeinschaftsgeist und auch Anspruchslosigkeit nach. Die Zeiten waren aber auch andere. Es gab nicht die Vielfalt an Einflüssen im täglichen Leben, die es möglich gemacht hätten, sich vom Durchschnitt abzuheben. China-Restaurants und Jugoslawien-Grills kamen erst sehr viel später. Bis in die späten 1970er Jahre hinein gab es gute deutsche Küche.

Die Generation der 1968er machte Schluss mit der frigiden Bürgerlichkeit Deutschlands nach dem Krieg – und ging hart mit ihren Eltern ins Gericht, von denen viele unter Hitler noch auf Linie waren, um dann auf den Trümmern des Zweiten Weltkriegs das neue Deutschland zu errichten. Freie Liebe, so links wie möglich, Flower-Power – das war sicherlich der Zeitgeist des Westens in den 1970er Jahren. Der Wind, der in den 1980ern wehte, war wieder anders. Ich war da noch sehr jung, aber ich kann mich an einiges erinnern: an die Tochter unserer Nachbarn, die den Film »Dirty Dancing« und Michael Jackson vergötterte und mit Dauerwelle, Leggins und coolen Jungs abends auf wilde Partys ging. Deutschland war damals noch der lange, schmale Streifen auf der Landkarte. Transit-Autobahnen führten nach Berlin, und eine meiner frühesten Erinnerungen ist, wie wir an den deutsch-deutschen Grenzkontrollen auf diesen Transitstrecken unsere Pässe am Ende der Warteschlange in eine Art Rohrpost legen mussten. Von dort bewegten sich die Reisedokumente in langen Rohren bis zum Grenzbeamten – das fand ich damals total spannend, diesen

Automatismus, der ganz ohne Menschen auskam. Die Grenzbeamten waren stets grimmig, und zwischen Deutschland-West und Berlin-West standen immer wieder Menschen auf den Autobahnbrücken und winkten freundlich. Berlin selbst war damals so ganz anders als heute. Keine Hipster, keine Schwaben, dafür viele Punks und wenig Glamour – also, noch weniger als heute. Aber immerhin hat die deutsche Hauptstadt seitdem ungemein aufgeholt hinsichtlich internationaler Weltstadt-Standards.

Die Wendegeneration

Was macht man, wenn man gerade mit der Schule fertig ist und das Gesellschaftssystem, in dem man aufgewachsen ist, plötzlich nicht mehr existiert? Der Fall der Mauer und die deutsche Wiedervereinigung 1990 veränderten das Leben Tausender Deutscher über Nacht. Plötzlich waren wir nicht DDR- und BRD-Bürger, sondern *ein* Volk. Unsere Hauptstadt war kein fein gekehrtes Bonn, sondern ein großes, vielfältiges Berlin. Fragt man Menschen, die beim Mauerfall 18 oder 20 Jahre alt waren, hört man Geschichten wie die von der Krankenschwester, die sich schon mit ihrem Berufsleben abgefunden hatte, weil sie aufgrund ihrer Systemuntreue nie hätte Medizin studieren dürfen in der DDR, und dann plötzlich doch noch die Chance auf eine Karriere als Ärztin erhielt. Man erfährt von Menschen, die immer von New York träumten, aber sich damit abgefunden hatten, höchstens einmal die Zuckerbäckerbauten Moskaus zu sehen. Man erfährt aber auch von Rheinländern, die bis heute in keinem neuen Bundesland waren und für die sich vielleicht an diesem historischen 9. November 1989 nichts verändert hat.

Ich habe einige Vertreter der Wendegeneration gefragt, was sie mit dem Osten beziehungsweise dem Westen Deutschlands verbinden. »Fremdenfeindlichkeit und Intoleranz«, sagte eine »Marhaba«-Zuschauerin, die aus den alten Bundesländern stammt. Ein anderer beschwerte sich über den Soli, der noch immer gezahlt werden müsse und für den die Menschen in den neuen Bundesländern nicht dankbar genug seien. Ein »Marhaba«-Zuschauer aus den neuen Bundesländern dagegen betonte, dass es für ihn kein Ost und West mehr gebe. Einzig die Generation der über 60-Jährigen bezeichne heute noch München und Hamburg als »Westen«.

Und welche Generation haben wir aktuell? Vielfach war von der Generation Praktikum oder der Generation Kettenvertrag die Rede. Vielleicht ist es eher die Generation Zukunft. Noch nie zuvor warteten so viele jüngere Menschen darauf, für unser Land Verantwortung zu übernehmen. Noch besetzen die Kinder der Babyboomer, die heute 50- bis 65-Jährigen, fast alle wichtigen Posten in unserer Gesellschaft. In nur wenigen Jahren wird es an vielen Stellen zu einem Generationenwechsel kommen. Und dann werden Jüngere das Ruder übernehmen, für die vieles ganz selbstverständlich ist, wofür die Älteren sich in ihrem Leben eingesetzt haben: Gleichstellung von Männern und Frauen, ein geeintes Europa, eine multikulturelle Gesellschaft. Manche Herausforderungen, die eine solche Gesellschaft mit sich bringen, über die wir heute angesichts der Flüchtlingskrise sprechen, werden sich mit diesem Generationenwechsel vielleicht relativiert haben – weil jüngere Menschen in einer Welt aufwachsen, in der das Miteinander unterschiedlichster Kulturen und Menschen bereits gelebte und funktionierende Realität ist.

Deutschland in zehn Punkten

Kann man Deutschland in zehn Punkten wirklich erklären? Natürlich nicht! Das ist auch nicht der Anspruch von »Marhaba« oder dieses Buches. Aber diese zehn Punkte können Menschen aus arabisch-islamischen Ländern Denkanstöße geben, sie sagen etwas darüber aus, welches Selbstbild wir haben, welche Erwartungen an Zuwanderer. Sie sollen die größten Schocks, die größte Verwunderung, die größten Fragen vorwegnehmen, die ein Araber haben mag, wenn er beispielsweise Frauen in Miniröcken auf der Straße sieht, sich Essen kaufen geht, mit Deutschen ins Gespräch kommt. Diese zehn Punkte können eine Idee von Deutschland vermitteln, können sensibilisieren und sind eine Aufforderung, sich weiter mit dem Land zu beschäftigen. Indem ich dies in meiner Sendung und mit diesem Buch auf Deutsch und Arabisch mitteile, sage ich: »Wir machen einen Schritt auf euch zu, jetzt müsst ihr Schritte auf uns zu machen!«

1. Die Politik

Wir haben es uns gemütlich gemacht mit »Mutti«. Seit mehr als zehn Jahren haben wir uns an den unaufgeregten Politikstil Angela Merkels gewöhnt, der uns vermittelt: Es tut alles nicht weh. Eurokrise, Flüchtlingskrise, das wird schon irgendwie. Vorbei die Schröder'schen Zeiten, als ordentlich die Fetzen flogen.

Das tut gut, weil wir uns so wohlig geborgen fühlen in einer Welt, in der gerade ziemlich viel aus den Fugen zu geraten scheint. Und wir sind froh, dass Deutschland, das während des »Dritten Reichs« die Welt in den Krieg stürzte und Millionen Tote zu verantworten hatte, heute offenbar weltweit für etwas ganz anderes, etwas Positives steht: Offenheit, Organisationstalent, die Fähigkeit, zu vermitteln, Krisen zu bewältigen. Auch wenn viele Menschen in Griechenland das anders sehen mögen – weltweit genießt die Kanzlerin (und damit auch die deutsche Politik insgesamt) großes Ansehen dafür, Probleme sachlich zu lösen.

Also Mutti forever? Auf dem Höhepunkt der Flüchtlingskrise 2015 sah es für einen Moment so aus, als könnte die Stimmung ihr gegenüber kippen und ihre Kanzlerschaft gefährden. In der Union brodelte es. Es ist *eine* Sache, in Berlin Menschlichkeit zu zeigen und Flüchtlingen zu sagen: »In Deutschland seid ihr willkommen.« Es ist eine andere Sache, als Unionspolitiker in seinem Wahlkreis den Groll derjenigen abzubekommen, die nicht der Meinung sind, dass diese Krise mal eben zu schaffen ist.

Eine Schlüsselrolle in der Merkel'schen Flüchtlingspolitik hatte sicherlich die Begegnung mit dem palästinensischen Flüchtlingsmädchen Reem Sahwil. Im Juli 2015 traf die Kanzlerin die 14-Jährige bei einem Bürgerdialog in Rostock. Auf die Frage Reems, ob sie in Deutschland bleiben könne, hatte Merkel geantwortet, Politik sei manchmal hart. Als das Mädchen zu weinen begann, streichelte ihr die Kanzlerin über den Kopf und wurde via Twitter und Facebook mit Hohn und Spott übergossen. War das herzlos von ihr? In der Redaktion diskutierten wir kontrovers. Hat diese Begegnung mit der Wirklichkeit womöglich das Herz der pragmatischen Politikerin Merkel erweicht und sie zu den Worten bewegt: »Refugees welcome«? Eine Kollegin mutmaßte, auch die Kanzlerin würde abends grübelnd im Bett liegen und über das reflektieren, was ihr tagsüber passiert ist. Andere hielten dagegen, es sei wie immer. Sie versuche sich durchzumogeln. Merkel sei ein durchweg unemotionaler Mensch, der nur darauf bedacht sei, seine Position durch die Suche nach Mehrheitsmeinung zu sichern.

Die deutsche Parteienlandschaft ist in Bewegung. Die Union stand 2015 und 2016 wegen der Flüchtlingspolitik von Kanzlerin Merkel unter Druck. Die SPD kommt, seit sich ein Teil der Partei den LINKEn annähert, nicht nach vorn. Angela Merkel gräbt den Grünen bei vielen Themen wie Atomausstieg oder »Ehe für alle« das Wasser ab. Die FDP hat sich nur schleppend von ihrem »Rauswurf« aus dem Bundestag 2013 erholt. Nun hat eine neue Partei die Bühne betreten, und keiner weiß, wie langlebig und wie erfolgreich sie sein wird: Alternative für Deutschland – AfD. Entstanden vor dem Hintergrund der Eurokrise und der Skepsis einer großen Zahl von Menschen in unserem Land gegenüber der Rettungspolitik der Bundesregierung. Bei fast allen Wahlen seit ihrer Gründung 2013 schaffte sie den Sprung über die 5-Prozent-Hürde. 2017 nun könnte, darauf deuten Umfragen hin, ein Erfolgsjahr für die AfD werden.

Schon in früheren Jahren betraten immer wieder neue Protestparteien die Bühne, etwa die Schill-Partei des ehemaligen Richters Ronald Schill, die – heute unvorstellbar – in Hamburg große Erfolge verzeichnen konnte. Schill erregte mit seinen drastischen Maßnahmen zur Kriminalitätsbekämpfung Aufsehen, wurde aber 2003 nach diversen Skandalen aus der eigenen Partei ausgeschlossen.

Oder die 2006 gegründete deutsche Piraten-Partei,

die sich für Bürgerrechte, direkte Demokratie und freien Wissensaustausch einsetzt und 2011 erstmals in ein Landesparlament einzog. Auch der Aufstieg dieser Partei war nicht von Dauer, und sie versank schnell wieder in der Bedeutungslosigkeit.

Bei der AfD könnte es anders sein, denn sie bespielt das Thema Flüchtlingskrise in einer Weise, wie es keine der etablierten Parteien tut – und da uns das Flüchtlingsthema noch lange begleiten wird, könnte das der AfD Aufmerksamkeit über einen langen Zeitraum hinweg bescheren. Ich finde, eine Demokratie muss auch eine solche Partei aushalten, solange sie sich mit ihren Forderungen im rechtlich garantierten Rahmen bewegt.

2. Der Holocaust, unsere dunkle Vergangenheit

Der Holocaust ist die große zivilisatorische Zäsur in der deutschen Geschichte. Ein monströses Verbrechen, durchgeführt mittels einer industriellen Vernichtungsmaschinerie. Dieses Verbrechen wirkt bis heute auf unsere Politik, unsere Gesellschaft, unser Selbstverständnis. Es ist der dunkle Boden, auf dem zwei deutsche Staaten entstanden, die heute wieder vereint sind.

Die systematische Ermordung von Millionen Menschen ist überall auf der Welt, so auch in arabischen Ländern, als historisches Verbrechen bekannt. Sehr häufig aber handelt es sich um ein recht abstraktes Wissen, das sich aus ein paar TV-Dokumentationen speist oder einigen wenigen Lektionen, die es dazu in der Schule gibt. Der deutsche Historiker Volkhard Knigge forderte im Dezember 2015 in der *Süddeutschen Zeitung*, Flüchtlinge sollten verbindlich eine Holocaust-Stätte besuchen, um diesen dunklen Teil der deutschen Geschichte besser verstehen zu lernen.

Jedem Flüchtling aus einem muslimischen Land muss klar sein: Jüdisches Leben ist Teil Deutschlands. Der Holocaust begründet auch die besondere Beziehung unseres Landes zu Israel. Es ist eine verheerende Fehlannahme, wenn manche Araber denken, Deutsche würden den Hass auf Juden mit ihnen teilen. In Berlin ist in den letzten Jahren ein reges jüdisches Leben entstanden, das seit dem Zweiten Weltkrieg so gut wie ausgestorben war. Für junge Israelis ist Berlin eines der angesagtesten Reiseziele.

Trotz der besonderen Verantwortung Israel gegenüber gibt es in Deutschland durchaus auch Kritik an der israelischen Politik. Viele stehen der Netanjahu-Regierung kritisch gegenüber und verurteilen den Siedlungsbau wie auch Israels Haltung den Palästinensern gegenüber. Gleichzeitig sind die Beziehungen zwischen Deutschen und Juden so lebendig und positiv wie wahrscheinlich noch nie seit der Nazi-Diktatur.

3. Die deutsche Wirtschaft – unser Stolz

Seit dem Zweiten Weltkrieg ist es schwierig für uns, so etwas wie Stolz auf unser Land zu zeigen oder zu artikulieren. Aber wenn weltweit deutsche Unternehmen in

Rankings Top-Plätze besetzen, deutsche Produkte als Maßstab und »Made in Germany« als Qualitätssiegel gelten, dann freut das viele Menschen in Deutschland. Unsere Wirtschaft ist eine Art Nationalstolz-Ersatz.

Gleichzeitig bedeutet das, dass wir unsere wirtschaftlichen Eckdaten, die Entwicklung, unser Standing in der Welt mit besonderer Aufmerksamkeit verfolgen. Die Franzosen legen Wert auf ihre Küche, ihre Künstler. Und wir? Wir legen Wert darauf, dass der Mercedes-Stern weiterhin weltweit als Luxussymbol gilt, dass chinesische Firmen langfristig unsere Turbinen einbauen. Es gibt uns eine herausragende Stellung und lässt uns ganz vorne auf der Weltbühne Platz nehmen. Und das, obwohl wir – abgesehen von einem kurzen kolonialen Abenteuer bis 1918 in Kamerun, Togo, Namibia, Tansania, Samoa und Papua-Neuguinea – nie ein Kolonialreich oder Empire hatten, das uns zum Bezugspunkt zahlreicher Länder macht, und obwohl wir keine militärischen Tonangeber sind. Aber in puncto Produkte und Wirtschaft, da sind wir wer!

Ein Klischee, das uns Deutschen zugeschrieben wird, ist mit Sicherheit wahr: Wir arbeiten viel und hart, teilweise mit einer Ernsthaftigkeit und Verbissenheit, die manch andere Länder etwas verwundert. Leben, um zu arbeiten, ist vielleicht etwas übertrieben, aber das Gegenteil, arbeiten, um zu leben – eine Haltung, die einigen Südeuropäern unterstellt wird –, ist wahrscheinlich genauso abwegig.

4. Recht und Ordnung – Unsere Scharia heißt Grundgesetz

Am Anfang steht das Grundgesetz. Warum? Weil ein großer Teil unserer Freiheiten und unserer Geschichte darin gebündelt sind und es eine Art Kompass darstellt, anhand dessen man zeigen kann, wo wir herkommen und was uns ausmacht.

Die Rolle von Religion, das Verhältnis von Männern und Frauen. Das sind, nicht zuletzt wegen aktueller Debatten, eigene Kapitel. Diese Themen werden auch nicht detailliert im Grundgesetz behandelt. Aber es stellt in klaren, unmissverständlichen Formulierungen fest, was bei uns gilt: »Die Würde des Menschen ist unantastbar. Sie zu achten und zu schützen ist die Verpflichtung aller staatlichen Gewalt.« – »Jeder hat das Recht auf die freie Entfaltung seiner Persönlichkeit (…).« Und: »Alle Menschen sind vor dem Gesetz gleich.«

Für einige sehr orthodoxe Muslime sind jedoch die Gesetze des Propheten wichtiger als jedes irdische Gesetzbuch. Stichwort: Scharia. Die Gesamtheit aller islamischen Gesetze basiert auf dem Koran und ist in allen islamischen Staaten eine Quelle der Rechtsordnung.

Wie passt das zusammen? Kann man Menschen, die fest an die Vorrangigkeit islamischer Gesetze für weltliche Gesellschaften glauben, »umerziehen«? Auch hier gilt natürlich: »Die Freiheit des Glaubens, des Gewissens und die Freiheit des religiösen und weltanschaulichen Bekenntnisses sind unverletzlich.« Jeder Muslim darf seine Religion bei uns leben, doch es gilt unser Rechtssystem.

Im Dezember 2015 wurde ein aus Pakistan stammendes Ehepaar vom Landgericht Darmstadt zu lebenslanger Haft verurteilt. Sie hatten ihre 19-jährige Tochter, die gegen den Willen der Eltern einen Freund hatte, ermordet, um die Familienehre zu retten. Zwar fordert die Scharia, die Gesamtheit aller islamischen Gesetze, eine besondere Keuschheit der Frau, aber Ehrenmorde? Nein, rechtlich legitimiert sind sie dort keineswegs. Dennoch leben Menschen bei uns nach vermeintlich islamischen Maßstäben, die mit dem deutschen Grundgesetz in vielerlei Hinsicht nicht vereinbar sind. Was heißt das für unser Zusammenleben? Sind unsere Gesetze zu schwach?

Das Grundgesetz stammt aus einer Zeit, in der muslimische Zuwanderung für die deutsche Gesellschaft überhaupt keine Rolle spielte, und damit auch nicht bei der Erstellung des Werte- und Rechtekanons. Muss das Grundgesetz vielleicht sogar erweitert werden? Es entstand vor dem Hintergrund einer bestimmten geschichtlichen Erfahrung und in einer gesellschaftlichen Situation. Es war das Deutschland vor den Gastarbeitern, vor den 68ern, vor der Wiedervereinigung – und vor allem das Deutschland vor der Zuwanderung von Millionen Muslimen. Das hat möglicherweise mittelfristig auch Auswirkungen auf die Grundfeste unserer wichtigsten Werte und Normen.

In der zweiten Episode von »Marhaba« ging es um das Grundgesetz. Zu der Zeit gab es eine große öffentliche Debatte darüber, wie Flüchtlingen die wichtigsten Pfeiler unseres Staates und unserer Gesellschaft vermittelt werden können. In dieser Episode sagte Finanz-Staatssekretär Jens Spahn (CDU), man müsse auch Witze über den Koran aushalten. Schließlich garantiere unser Grundgesetz die freie Rede. Dieses Zitat wurde in Windeseile von zahlreichen arabischen Seiten und Foren aufgegriffen und diskutiert – »Da seht ihr, es ist ein ungläubiges Land«, kommentierte ein arabischer Zuschauer bei Facebook diese Folge. Nicht nur ein Indiz dafür, dass nicht alle, die als Zuwanderer zu uns kommen, die Freiheiten verstehen, die bei uns gelten.

5. *Männer und Frauen*

Wann immer ich von meiner Sendung »Marhaba« im privaten und beruflichen Umfeld erzählt habe, war eine der ersten Reaktionen: Mach was über Männer und Frauen! Denn die Klischees darüber, wie sehr sich das Rollenverständnis im Nahen Osten von dem unseren unterscheidet, sind wahrscheinlich die am weitesten verbreiteten. Frauen müssen hinter ihren Männern laufen, werden geschlagen, dürfen nicht arbeiten. Ohne Kopftuch oder Schleier geht nichts. Und der Koran sieht all das auch so vor – so viel zu den gängigen Vorstellungen.

Doch Islamwissenschaftler versichern uns, der Koran und der Islam insgesamt seien nicht per se frauenfeindlich. Das Tragen des Kopftuches werde zum Beispiel nirgendwo vorgeschrieben. In der arabischen Welt nennt man die Zeit vor dem Islam »Dschahiliya«, ein Begriff, der auch im Koran verwendet wird, dessen Herkunft aber nicht ganz klar ist. Er wird gemeinhin als »Zeit der Unwissenheit« interpretiert. Es wird häufig angenommen, dass die Regeln des Koran eine Verbesserung für die Lebenssituation der Frauen darstellten. Vielweiberei war demnach in ganz anderem Maße verbreitet, als es die Regel des Korans, nach der ein Mann vier Frauen haben könne, nahelegt.

Immer wieder erreichten mich als Reaktion auf »Marhaba« aufgeregte Zuschriften, die die Unterdrückung von Frauen in arabischen Ländern thematisieren und mich darauf hinwiesen, wie unfassbar ungleich Männer und Frauen dort behandelt würden. Das trifft sicherlich in vielen Punkten zu. Richtigerweise muss man sich aber auch vor Augen halten, dass das Thema Gleichberechtigung und die Umsetzung im beruflichen und privaten Leben eine sehr junge Entwicklung in Deutschland, Europa, dem Westen allgemein ist. Bis 1977 mussten etwa deutsche Frauen ihre Ehemänner um Erlaubnis fragen, wenn sie berufstätig sein wollten. In anderen Ländern Europas war die Entwicklung sogar noch langsamer und schwieriger. Im erzkatholischen Spanien der 1960er und 1970er Jahre war das Leben für Frauen kaum freier als heute in den meisten arabischen Ländern. Erst 1978 wurden Frauen den

Männern dem Gesetz nach gleichgestellt. Bis zu Francos Tod 1975 durften Frauen in Spanien keinen eigenen Pass haben. In der Schweiz haben Frauen erst seit 1990 in allen Kantonen Stimm- und Wahlrecht.

Das macht die gravierende Benachteiligung von Frauen in zahlreichen arabischen Ländern heute nicht besser, aber die Aufregung, mit der viele bei uns dieses Thema ansprechen, bekommt damit ein anderes Gewicht.

Wenn wir über die grundlegenden Fakten sprechen, die man – aus unserer Sicht – wissen muss, wenn man nach Deutschland kommt, dann zählt die Gleichberechtigung sicher dazu. Gleichberechtigung von Männern, Frauen, Homosexuellen, Behinderten, Ausländern, Juden, Muslimen. Was auch immer als Unterschied herangezogen werden kann, darf keinen Unterschied machen. Das sieht das Grundgesetz so vor, das wird auch die überragende Mehrheit der Menschen in unserem Lande so sehen.

6. Glaube – Wie hast du's mit der Religion?

Stellt man jungen Deutschen Goethes Gretchenfrage, ist schnell klar: Die Zahl der Kirchgänger wird immer geringer. Sicherlich ist dies von Region zu Region unterschiedlich – in Bayern ist der Anteil aktiver Christen höher als in Brandenburg –, allgemein aber dürfte klar sein: Das Christentum in Deutschland steuert auf eine existenzielle Krise zu.

Ich bin auf ein katholisches Gymnasium gegangen. Ein paar alte Nonnen und ein über 60-jähriger Religionslehrer waren für uns die Religionsgesichter, die uns jeden Tag begegneten. Religion als Pflichtfach bis zum Abitur – das ist selbstverständlich, wenn man auf eine konfessionelle Schule geht. Die Qualität des Religionsunterrichts sei dahingestellt, aber der Anspruch, junge Menschen dafür zu interessieren, statt sie abzuschrecken – Fehlanzeige. Im Musikunterricht mussten wir christliche Todesmotetten singen oder das Lied »Wie liegt die Stadt so wüst«, in dem die Zerstörung Dresdens im Zweiten Weltkrieg beschrieben wird. Da heißt es: »Er hat ein Feuer durch meine Gebeine gesandt und es lassen walten.« Für junge Menschen gibt es attraktivere Lehrangebote.

Ganz anders sieht es bei vielen jungen Muslimen in Deutschland aus. Glaube und Tradition sind »in« und wichtig – so berichten es zum Beispiel viele Lehrer an Schulen mit hohem Migrationsanteil. Anders als bei den christlichen Deutschen, denen Religion allgemein »piefig« vorkommt, »gestrig«, »etwas für alte Menschen«, ist der Islam »hip«, »jung«, »cool« – wozu auch eine muslimische Pop-Kultur beiträgt, in der Glaubenssymbole und -Elemente eine sichtbare Rolle spielen. Das Christentum hat ein Imageproblem. Der Islam nicht – zumindest nicht bei denen, die ihm zugetan sind. Bei den anderen, die den Islam in Deutschland kritisch sehen, sorgt gerade seine Beliebtheit für

Unbehagen: diese Anziehungskraft, die selbst junge Menschen aus traditionellen deutschen Familien dazu bringt, zum Islam zu konvertieren. Wenn Hip-Hopper, die harte Ghettosongs singen, sich »Allah« auf den Körper tätowieren lassen, dann übt das auf rebellische junge Menschen eine starke Faszination aus.

Für die meisten arabischen Muslime sind wir ein gottloses Land. Nicht etwa weil viele Christen hier leben oder die deutsche Kultur und Geschichte christlich geprägt sind. Das wäre – für jeden nicht-fundamentalistischen Muslim – gar kein Problem. Juden und Christen sind Völker des Buches, so heißt es im Koran. Sie müssen respektiert werden. Gottlos sind Deutschland und der Westen wegen der Abwesenheit religiöser Anstandsregeln im täglichen Leben. Unser Alltag, unser Handeln, unsere Arbeit werden üblicherweise von Vernunft und rationalen Erwägungen und nicht von Gottesfurcht bestimmt. Wenn muslimische Araber den Zündschlüssel ihres Wagens umdrehen, sagen sie: »Bi-Ism Allah« – »Im Namen Gottes«. Ebenso zu Beginn einer Rede: »Bi-Ism Allah, ar-Rahman al-Raheem« – »Im Namen Gottes des Allerbarmers, des Allbarmherzigen«. Auf den Rückscheiben zahlreicher Autos im Nahen Osten prangt der Spruch »Masha Allah«, der den Fahrer und die Insassen vor Unfällen schützen soll.

Auch wir sagen heute noch »Gott sei Dank«, wenn wir über etwas erleichtert sind. Aber in unserem Alltag gibt es keinen vergleichbaren Ausdruck tiefer Religiosität. Allah und der Islam durchdringen das Leben in muslimischen Ländern in jedem Aspekt. Deutschland kommt Arabern deshalb wie eine Fabrik vor – ohne Seele, ohne Spiritualität. Leben, um zu arbeiten. Freudlos, gottlos, sinnlos.

Das ist natürlich eine Verallgemeinerung, die versucht, die Mehrheitswahrnehmung der Menschen hier wie dort wiederzugeben – und die grundlegend verschiedene Weltsicht. Natürlich gibt es auch in Deutschland gläubige Menschen, die ihr Leben, ihre Arbeit nach christlichen Grundsätzen ausrichten und für die Religion der zentrale Sinnstifter in ihrem Leben ist. Ebenso wie in arabischen Ländern Menschen verschiedener sozialer Herkunft und unterschiedlicher Altersgruppen sehr kontrovers darüber streiten, wie lebensbestimmend Religion sein darf. In Kairo, Beirut, aber auch bei uns, leben Muslime, die Alkohol trinken, die ein ganz modernes Verständnis davon haben, wie Männer und Frauen miteinander umgehen, und davon überzeugt sind, dass Religion Privatsache ist.

Ganz ohne religiöse Bezüge ist das Leben bei uns heute nicht. Religiöse Feiertage zählen zu den wichtigsten Ereignissen in Deutschland. Weihnachten ist wie in allen Teilen der westlichen Welt das größte Fest im Jahr. Vom 24. bis 26. Dezember ruht das öffentliche Leben. Familien treffen sich, gehen am Heiligen Abend (24. Dezember) gemeinsam in die Kirche und hören die Geschichte von der Geburt Jesu Christu. Es gibt gebratene Gans, viel Schokolade und Gebäck. Die Tage bis zum nächsten Fest, Silvester am 31. Dezember, bezeichnen wir als »zwischen den Jahren«. Es ist eine Zeit, in der viele Deutsche Urlaub nehmen und gemeinhin nicht viel passiert.

Obwohl Ostern im Christentum einen höheren Stellenwert als Weihnachten einnimmt, wird diesem Fest in Deutschland nicht ganz so viel Aufmerksamkeit gewidmet wie dem Heiligen Abend. Die Geschenke fallen kleiner aus, die Kinder sind weniger aufgeregt. Am Karfreitag gedenken wir der Kreuzigung Jesu Christi, am Sonntag danach feiern wir seine Auferstehung von den Toten, das Wunder des Christentums.

Ostern, Pfingsten, Christi Himmelfahrt – die Kenntnis vieler Deutscher um diese Feiertage ist häufig ernüchternd. Ostern? Das ist doch, wenn der Hase die Ostereier bringt. Man nimmt sich zwar gern frei und zelebriert Feiertage in dem Sinn, wie es die Werbeindustrie vorlebt, aber eine innere Bindung zum christlichen Hintergrund ist nur noch bei wenigen Deutschen vorhanden.

Anders in der arabischen Welt. Religiöse Feste, Feiertage und Höhepunkte sind wegen ihrer spirituellen Bedeutung Fixpunkte im Leben der meisten Menschen. Der Fastenmonat Ramadan bringt für einen vollen Monat das Leben in islamischen Ländern nahezu zum Stillstand. Aber auch andere religiöse Feiertage werden mit großem Ernst begangen. Ich erinnere mich an eine Begebenheit, als ich eine arabische Redaktion betrat und einer der Journalisten, der wusste, dass ich Arabisch spreche, mir im Vorbeigehen zurief: »Milad an-Nabbawi!«, zu Deutsch: »Glücklichen Prophetengeburtstag!« Es war der Geburtstag von Prophet Mohammed. Ich war gerade gedanklich woanders und wiederholte fragend: »Milad an-Nawwawi?« – »Einen schönen atomaren Tag?« – Das entsprechende Wort für »Atom« wurde sonst im Zusammenhang mit dem iranischen Atomprogramm benutzt. Der Kollege, ein Sudanese, schaute hasserfüllt zu mir rüber und schrie: »Im Sudan würden wir dich dafür umbringen!« Dass ich einen politisch besetzten Begriff wie »Atom« (»Nawwawi«) mit dem Wort für »Propheten« (»Nabbawi«) verwechselte, selbst wenn es aus Unachtsamkeit geschah, war für ihn unverzeihlich. Er sprach nie wieder ein Wort mit mir.

Wie ernst Moslems ihre Religion nehmen, zeigten die heftigen Reaktionen auf die 2005 von der dänischen Zeitung *Jylland-Posten* gedruckten Mohammed-Karikaturen. In der islamischen Welt kam es zu Massenprotesten gegen die Bilder, die einen Propheten zeigten, den man laut Koran nicht zeigen darf. Dänische Produkte wurden in einigen arabischen Ländern boykottiert, gegen den Zeichner der Karikaturen, Kurt Westergaard, gab es Mordaufrufe. Viele fragten sich: Darf man sich nicht kritisch mit dem Islam auseinandersetzen? Es begann eine heftige Diskussion.

»Freie Meinungsäußerung ist das Herzblut einer Demokratie, ohne die sämtliche anderen Freiheiten niemals zu haben sind«, schrieb mir der dänische Zeichner Kurt Westergaard, als ich ihm von meinem Buch erzählte. Und recht hat er. Es ist nicht hinnehmbar, wenn auf künstlerische und journalistische Freiheiten mit Todesdrohungen reagiert wird. Besonders absurd ist es, wenn sich einige Menschen geradezu auf die Suche nach Meinungsäußerungen machen, die angeblich ihre religiösen Gefühle verletzen. Kaum ein Muslim im Nahen Osten wäre je auf die Karikaturen der dänischen Zeitung gestoßen. Vielmehr waren es missionierende und fundamentalistische Muslime, die diese Geschichte auf skandalträchtige Weise verbreiteten.

Das Traurige an der ganzen Sache: Wir reagieren inzwischen mit vorauseilendem Gehorsam, wenn es um Themen geht, die für den Islam sensibel sein könnten. Fatwas und Bomben haben dazu erheblich beigetragen.

Seit dem Fall Westergaard steht der Westen unter noch genauerer Beobachtung, was das Verwenden von Bildern, Texten oder Kommentaren angeht, die den Islam lächerlich machen oder beleidigen könnten. Das musste auch Papst Benedikt bei seiner Regensburger Rede 2006 erfahren. Darin zitierte er den byzantinischen Kaiser Manuel II. Palaiologos, der dem Islam Gewalttätigkeit vorwarf. Einige Muslime bezichtigten den Papst daraufhin, eine Hasspredigt gehalten zu haben.

2012 sorgte der Film *Innocence of Muslims* wegen seines von vielen Muslimen als beleidigend empfundenen Inhalts für heftige Proteste in der arabischen Welt. Die Empörung gipfelte in einem Anschlag militanter Extremisten auf das US-Konsulat in Bengasi (Libyen). Vier Menschen starben, darunter US-Botschafter Christopher Stevens.

Am 7. Januar 2015 ermordeten Islamisten bei einem Angriff auf das Pariser Satiremagazin *Charlie Hebdo* elf Menschen. *Charlie Hebdo* hatte 2006 Westergaards Mohammed-Karikaturen nachgedruckt. Kurz vor dem Anschlag war das Magazin mit einer Geschichte über Michel Houellebecqs Buch *Unterwerfung*, einer fiktiven Geschichte über ein islamisiertes Frankreich, erschienen.

#notinmyname twitterten Tausende Muslime und distanzierten sich von den Anschlägen. Ebenso twitterten Tausende Menschen auf der ganzen Welt »Je suis Charlie« und trauerten mit den Franzosen.

7. Fremdenfeindlichkeit

Zwei Sätze in den zahlreichen ablehnenden Reaktionen auf meine Sendung »Marhaba« fielen besonders häufig: »Ich habe nichts gegen Ausländer, aber …« und »Man wird immer gleich als Nazi abgestempelt«.

Dazu Folgendes: Seit dem Ende der Nazi-Diktatur ist Fremdenfeindlichkeit in Deutschland ein sehr sensibles Thema. Wir sehen uns heute gemeinhin als weltoffen und modern. Doch der Satz »Ich habe nichts gegen Ausländer, aber …« zeigt einen anderen Trend. Da breitet sich ein Unbehagen in Richtung gesellschaftliche Mitte aus, das Gräben aufreißt – zu uns Journalisten, zur Politik, zu den Grundsätzen, die in Deutschland und Europa gelten und von den Menschen mitgetragen werden müssen. Wenn eine wachsende Zahl von Bürgern das Gefühl hat, das sei nicht mehr ihr Land, dann haben wir alle ein Problem. Wenn sich Hunderte Menschen bei Pegida-Demonstrationen versammeln und ihrer (oft aus Halbwissen entstandenen) Wut Luft machen, dann haben wir ebenfalls ein Problem.

Viele deutsche Zuschauer schreiben mir, dass sie Kritik äußern möchten, aber deswegen nicht gleich »als Nazis abgestempelt« werden wollen. Oft werfen sie mir vor, durch meine Sendung nur noch mehr Flüchtlinge nach Deutschland zu locken. Sie beschweren sich, dass im deutschen Fernsehen Arabisch gesprochen wird – »Wo kommen wir denn da hin?« –, und lassen ab und an auch ganz dumpfe Anklagen fallen wie: »Die Ausländer wollen hier nur Sozialhilfe und es sich bequem machen.«

Klar ist: Kritik muss möglich sein, aber der offene Hass auf alles Fremde, der bisweilen zutage tritt, kann nur erschrecken. Ich habe selber einmal eine Situation erlebt, die mich lange beschäftigt hat.

Als ich noch Student war, besuchte ich mit mehreren Freunden München. Wir waren in einem Stadtbus unterwegs. An einer Haltestelle stieg ein älterer Mann ein und fuhr einen von uns an, der ihm angeblich im Weg stand (was de facto gar nicht der Fall war): »Bleib nicht auf deinem Arsch stehen.« Ziemlich schlagfertig entfuhr es meinem Bekannten: »Ich weiß ja nicht, wie das bei Ihnen ist, aber ich kann nicht auf meinem Arsch stehen.« Der ältere Mann drehte sich sofort um und schrie los: »Du Kanacke, in einem fremden Land muss man sich so benehmen, dass man dort gern gesehen ist.« Was dann passierte, erschreckte mich allerdings noch mehr: Eine Frau aus der hinteren Reihe rief laut: »Recht hat er!« Danach erhielt der Mann auch von anderen Fahrgästen Unterstützung. Die Situation drohte zu eskalieren, wir stiegen an der nächsten Station aus. Für mich war es das erste Mal, dass ich eine derartige Form des Fremdenhasses erlebte. Und: Niemand von uns war Ausländer. Keiner sah auch nur annähernd fremd aus. Wir waren höchstens das, was manche in Bayern »Saupreußen« nennen. Dieses Erlebnis machte mich sehr nachdenklich, und ich fragte mich, was Menschen erleben müssen, die tatsächlich – und erkennbar – aus einem ganz anderen Kulturkreis kommen.

Wird Deutschland in der arabischen Welt als fremdenfeindlich wahrgenommen? Auch die Nachrichtensender dort haben über Pegida und AfD berichtet. Doch die Wahrnehmung – oder Sorge –, dass gerade Deutschland als besonders ausländerfeindlich gilt, ist, zumindest in Bezug auf die arabische Welt, nicht richtig.

Das mag damit zusammenhängen, dass viele Araber einen engeren Bezug zu Frankreich, Großbritannien und den USA haben – und Geschichten über Benachteiligung und Diskriminierung von Arabern in diesen Ländern medial eine viel größere Aufmerksamkeit erhalten. Arabische Zeitungen wie *Gulf News* oder *The National* berichten regelmäßig über die Drangsalierung arabischer Familien an amerikanischen oder britischen Flughäfen. Seit der Wahl Donald Trumps zum US-Präsidenten und dessen »Muslim Ban«, also dem Einreiseverbot für Menschen aus bestimmten muslimischen Ländern, stehen die USA – nicht nur die Regierung, sondern auch deren Bürger – endgültig unter dem Generalverdacht, anti-islamisch zu sein. Deutschland hat diesen Ruf nicht. Anders als in anderen Teilen der Welt, in denen Deutschland schnell mit Rassismus, Nazi-Zeit und Drittem Reich assoziiert wird, gilt unser Land in der arabischen Welt als liberal und nicht imperialistisch. Gleichwohl werden die jüngsten Entwicklungen um die AfD und Pegida mit Aufmerksamkeit verfolgt. Von den Wahlerfolgen der AfD mag auch abhängen, ob sich das Deutschlandbild in der arabischen Welt verändern wird.

8. Unsere Literatur, unsere Kunst

Goethe, Schiller, Bach und Beethoven – Namen, die in aller Welt für deutsche Kultur stehen. Immer wieder fordern wir schnelle Sprachkurse für Ausländer in

Deutschland, aber sind Kenntnisse über die deutsche Kultur nicht genauso wichtig? Ähnlich wie die Kirchen haben auch die deutschen Dichter und Denker unter der jungen Generation ein Imageproblem. Werke der klassischen Literatur geraten in Vergessenheit. Wer von den Jüngeren ist noch mit Schiller, Goethe und Kleist vertraut? Wenn wir also von Zuwanderern fordern, sie sollten die deutsche Kultur kennenlernen, sollte das erst recht für die jungen Deutschen gelten.

Deutsche Maler wie Gerhard Richter oder Neo Rauch erzielen auf Auktionen Rekordsummen. Ihre Ausstellungen sind gut besucht. In den Golfstaaten beispielsweise tun sich viele Araber schwer mit Kunst und dem Prinzip Museum. Warum ein Bild nur ansehen? Wo das Geld in der arabischen Welt locker sitzt, will man besitzen und nicht betrachten.

Und der Rest europäischer Kultur? Die Musik? Klassik gilt für viele Araber als Trauermusik. Egal ob sie traurig klingt oder fröhlich und beschwingt. So wurde 2004, nach dem Tod von Scheich Zayid, dem ersten Präsidenten der Vereinigten Arabischen Emirate, auf staatliche Verordnung hin tagelang europäische Klassik als Zeichen der Trauer auf allen Radiosendern gespielt.

Bücher und Zeitungen sind für uns in Deutschland und im Westen allgemein auch in Zeiten der Digitalisierung noch immer eine wesentliche Informationsquelle und ein Pfeiler unseres kulturellen Selbstverständnisses. Wer einmal auf der Frankfurter Buchmesse war, wird beeindruckt gewesen sein von der Größe und der unüberschaubaren Vielfalt an Werken, die dort vorgestellt werden. Der enorme Besucherandrang zeigt zudem, wie wichtig Gedrucktes bis heute für uns ist. Das ist in der arabischen Welt anders. Verschiedenen Untersuchungen zufolge zählen die arabischen Länder zu den Regionen der Welt, in denen am wenigsten gelesen wird. Und das unabhängig davon, ob es sich um arme Kriegsregionen wie den Jemen oder Syrien handelt oder um Länder wie Katar und Kuweit, die zu den reichsten der Welt zählen. Obwohl wir es der arabischen Welt verdanken, dass ein Großteil unseres antiken Erbes über arabische Schriftquellen erhalten ist, spielt das geschriebene Wort (natürlich abgesehen vom Koran) heute kaum eine Rolle. Araber lesen kaum Bücher, und Zeitungen nur sehr begrenzt. Zwar erscheinen in allen arabischen Ländern Tageszeitungen mit teils erstaunlichem Umfang. Manche erinnern eher an Telefonbücher als an eine täglich erscheinende Printausgabe. Das hat aber vor allem damit zu tun, dass Zeitungen für viele Regierungen, gerade am Golf, ein Prestigeprojekt sind. Es geht nicht darum, dass man sie liest, sondern darum, dass sie in Buchdicke jeden Tag in allen Hotels und Flughäfen neben westlichen Publikationen ausliegen.

Wie Zeitungsjournalismus in arabischen Ländern häufig aussieht, habe ich einmal als Reporter in den Vereinigten Arabischen Emiraten erlebt. Ich wurde damals auf der Liste des Presse- und Informationsamtes als arabischer Journalist geführt, weil ich für ein arabisches Medium arbeitete. So bekam ich Einladungen zu Veranstaltungen, zu denen sonst keine westlichen Medienvertreter eingeladen wurden, zum Beispiel 2008 zum »Arab Women Summit« in Abu Dhabi. Etwa 20 arabische Zeitungsjournalisten und ich wurden von einem Chauffeur abgeholt und im Emirates Palace (5 Sterne) einquartiert. Es wurden Einkaufstouren organisiert, Ausflüge in die Wüste – bloß von dem Arabischen Frauengipfel sahen wir nichts. Während die anderen es sich am Pool bequem machten, forderte ich ein Interview mit einer arabischen Frau, um mit ihr über den Gipfel zu sprechen. Das Presse- und Informationsamt organisierte für mich schließlich ein Interview mit der »mother of the Emirates«, der Mutter des herrschenden Scheichs, die noch nie in der Öffentlichkeit gesehen wurde. Sie würde hinter einem schwarzen Vorhang sitzen, den wir filmen dürften, und Fragen beantworten. Die anderen Journalisten druckten für ihre Zeitungen einen von den Offiziellen vorgefertigten Text ab und gingen weiter shoppen. Printjournalismus ist, vor allem in den reichen Golfstaaten, wenig kritisch und investigativ.

Viel wichtiger als Zeitungen: das Fernsehen. Keine Wohnung, kein Büro, in dem nicht wenigstens ein TV-Gerät nonstop läuft. Nachrichten haben in der arabischen Welt eine ganz andere Bedeutung und Aufmerksamkeit als bei uns. In einer Region, in der es an allen Ecken brennt, verfolgen die Menschen fortlaufend die neuesten Bilder und Entwicklungen.

9. Essen und Trinken

Deutsches Essen genießt weltweit einen zweifelhaften Ruf. Für viele Franzosen ist deutsche Küche so etwas wie eine Biowaffe. Bier, Brezeln, Würste, Saumagen. Dazu Kartoffeln, Sauerkraut oder Rotkohl. Deftig, dampfend, schwer verdaulich – so in etwa die gängigen Klischees von unserem Essen. Wahrscheinlich war das auch lange Zeit nicht ganz falsch. Bis in die 1970er Jahre hinein dürfte dergleichen jeden Tag auf den deutschen Tisch gekommen sein. Dann kamen Italiener, Griechen, Türken und mit ihnen frische Mittelmeerkost. Vietnamesen, Inder, Chinesen und Thailänder eröffneten Restaurants und sorgten dafür, dass es heute völlig normal ist, Zitronengras und Ingwer im Supermarkt kaufen zu können.

Seit ein paar Jahren sind die Deutschen von einer seltsamen Begeisterung für feines Kochen besessen. Auf fast allen TV-Kanälen laufen erfolgreich Kochshows. Im ZDF versuchte man einmal, am Nachmittag auf eine der Kochshows zu verzichten und stattdessen eine Talksendung ins Programm zu nehmen. Die Quoten rutschten in den Keller, seitdem wird nachmittags wieder gekocht.

Vor allem Großstädter geben viel Geld für biologisch

angebaute Lebensmittel aus. In Städten wie Berlin sind große Biomarktketten längst etabliert. Tofu, Quinoa und Amaranth gelten nicht als exotisch, sondern als ganz alltäglich.

Trotzdem verbringen wir weniger Zeit in der Küche als Franzosen oder Italiener. Nur 5,4 Stunden wird bei uns pro Woche gekocht, glaubt man einer Umfrage der Gesellschaft für Konsumforschung (GfK) vom März 2015.

Für Araber ist traditionelle deutsche Küche im Allgemeinen das Grauen schlechthin. Bei Leberwurst zum Frühstück ist der Tag schon gelaufen. Die meisten Araber starten mit ein paar Oliven in Öl, etwas Obst und vielleicht Hummus auf Brot in den Tag, dazu ein Kardamon-Kaffee. Deftige Fleischwaren? Eher nicht. Mittags ein Sandwich oder Chips. Richtig getafelt wird erst am Abend. Ab 20 Uhr gibt es gegrillten Fisch, Hammel, Bohnen, zum Nachtisch süße Baklava. Natürlich gibt es Unterschiede zwischen den einzelnen Ländern: mehr Frittiertes und Bohnen in Ägypten, mehr Mezze (also gemischte Speisen wie Auberginenmus, Hummus, Tabouleh (Petersiliensalat), angerichtet in kleinen Schalen) in Syrien und dem Libanon.

Viele Araber tun sich auch schwer mit deutschem Brot. Nicht etwa, weil es ihnen nicht schmeckt, sondern weil sie das Konzept einer Bäckerei nicht mögen. Die meisten Araber sind daran gewöhnt, sich Brot an

Selbstbedienungsständen im Supermarkt zu kaufen. Und zwar das Brot, das ihnen optisch am meisten zusagt. Wie man das nun nennt, was man sich aus der reichen Auswahl aussucht, spielt eine untergeordnete Rolle. Deswegen haben viele Hemmungen, in eine deutsche Bäckerei zu gehen, wo eine Verkäuferin darauf wartet, für welche Brotsorte man sich entscheidet.

Wer nach Deutschland kommt, sollte wissen: Das, wovon viele denken, dass wir es jeden Tag essen, macht in Wirklichkeit nur einen kleinen Teil einer großen Vielfalt aus. Die Wahl lautet nicht: deutsche Hausmannskost oder libanesische Küche in Berlin-Neukölln. Dazwischen ist alles möglich. In unserem Land hat sich eine moderne Esskultur entwickelt, die nichts mehr mit dem piefigen Ruf zu tun hat, der ihr bis heute anlastet. Essen in Deutschland ist kreativ, modern und auch exotisch.

10. Unsere Sprache

Karl V. soll gesagt haben: »Wenn ich mich im Gebet an Gott wende, dann auf Spanisch; mit meiner Geliebten spreche ich italienisch; mit meinen Freunden französisch; mit meinen Pferden spreche ich deutsch.« Friedrich der Große spitzte diese Worte später folgendermaßen zu: »Das Deutsche ist ein barbarischer Jargon, gerade noch geeignet, um mit seinen Pferden zu sprechen.«

Wir pflegen unsere Sprache, unsere Dialekte. Wir mögen es, wenn wir uns mit unserer Berliner, Kölschen oder Bayerischen Sprache etwas Individuelles geben. Aber so richtig schön, so wie Italienisch oder Französisch, finden auch viele von uns unsere Sprache nicht – offenbar wie Karl V. und Friedrich der Große.

Für die Franzosen ist Französisch Sinnbild ihrer Kultur. Auf Pflege und Reinheit der Sprache wird überall geachtet. Seit 1994 sind Radiosender sogar dazu verpflichtet, mindestens 40 Prozent ihrer Sendezeit für französische Musik zu reservieren. Womöglich liegt das daran, dass sich die französische Sprache so schön anhört.

Ein syrischer Freund sagte mir einmal, Deutsch klinge für ihn wie Maschinengewehrsalven. Die zahlreichen T, Z und S-Laute seien daran schuld. Araber haben gegenüber Menschen mit anderer Muttersprache einen großen Vorteil: Sie können unsere Buchstaben gut aussprechen. Denn sowohl »ch«-Laute wie auch unser kehliges »R« findet man in der arabischen Sprache. Hinzu kommt, dass die deutsche Grammatik, gemessen am Arabischen, gar nicht so wahnsinnig schwierig ist – wohingegen sich etwa Briten mit unseren Fällen, Artikeln, Geni quälen müssen. Die meisten Araber sind auch mit unserem lateinischen Schriftbild vertraut. Auf den Straßen, in der Werbung – überall begegnet ihnen von links nach rechts Geschriebenes. Wir hingegen empfinden das arabische Schriftbild zumeist als Kalligraphie: wunderschön, aber unverständlich.

Deutschland im Wandel

»Von gelungener Einwanderung hat ein Land noch immer profitiert«, sagte Bundeskanzlerin Angela Merkel bei ihrer Neujahrsansprache 2016. »Richtig angepackt«, sei der Zuzug so vieler Menschen eine große Chance für Deutschland. Immer wieder erklärt die CDU-Chefin: »Wir schaffen das.« Aber schaffen wir das wirklich?

1,2 Millionen Flüchtlinge wurden 2015 und 2016 registriert, ca. 250 000 Menschen sind schätzungsweise nicht in den Systemen erfasst. Zugenommen hat in den vergangenen Jahren rechte Gewalt in Deutschland: 2016 wurden 692 Menschen durch rechte Gewalt verletzt. Insgesamt wurden 12 503 rechte Delikte registriert. 6076 Tatverdächtige wurden ermittelt, 149 vorläufig festgenommen.

Wir müssen wissen, wer wir sind, um zu formulieren, was wir von denen erwarten, die zu uns kommen. Wir müssen diskutieren, wie wir unser Land sehen. Was heißt Deutschsein heute? Und was bedeutet das für Zuwanderer?

Insofern ist dieses Buch auch kein Zehnpunkteplan, um aus muslimischen Syrern weltliche Deutsche zu machen, sondern ein Denkanstoß: Was ist das moderne Deutschland? Und was können wir von anderen in Sachen Anpassung erwarten oder fordern?

Bis jetzt sind die Helfer und Politiker, Kommunen und Länder mit der Organisation der Ersthilfe voll beschäftigt. Vieles läuft immer noch nicht rund. Für die erste TV-Ausgabe von »Marhaba« drehten wir unter anderem eine Reportage im Landesamt für Gesundheit und Soziales in Berlin, dem inzwischen berüchtigten LaGeSo. Dort durfte ich die Helfer bei der Verteilung von Hygieneartikeln an Flüchtlinge unterstützen. Der Eindruck, den die Bundesregierung schon zu dem Zeitpunkt zu vermitteln versuchte: »Wir haben das hier unter Kontrolle«, deckte sich in keiner Weise mit den Erfahrungen, die ich dort machte. An der Ausgabestelle gaben Flüchtlinge Zettel ab, auf denen vermerkt war, welche Artikel sie bekommen sollen: Windeln, Zahnpasta, Seife. Glückssache, ob an dem Tag genügend Spenden zusammengekommen waren. Wenn nicht, gingen die Menschen leer aus. Überhaupt wäre die Hilfe gar nicht zu leisten ohne all die Ehrenamtlichen, die im ganzen Land bis zur Belastungsgrenze im Einsatz sind. Während der »Marhaba«-Dreharbeiten am LaGeSo sprach ich mit zahlreichen Helfern, die mir berichteten, wie sich bei Kollegen ein emotionaler Zusammenbruch ankündigt: Man erkenne das am Blick und an der Sprachlosigkeit. Irgendwann würden diese Menschen nur noch weinen, weil die Eindrücke, die Schicksale, die Hilfsbedürftigkeit, aber auch die Dankbarkeit gar nicht mehr verarbeitet werden können.

Wenige Tage nach meinem Besuch im LaGeSo erreichte mich die Mail eines »Marhaba«-Zuschauers. Er sorgte sich um eine Freundin, die aus dem Irak geflohen war und nun in einem Flüchtlingsheim in Nürnberg wohnen musste. Diese schrieb ihm verzweifelt: »Ich kann nicht schlafen, weil das Camp angegriffen wird. Ein Sicherheitsmann wurde zusammengeschlagen und alle zittern vor Angst.« Die Frau schilderte ihm ausführlich die Lage im Camp: die Gewalt, der psychische Druck, trinkende Männer, schreiende Kinder. Sie sei aus ihrem Land geflohen, um in Deutschland Sicherheit zu finden, aber sie fühle sich bedroht. Dabei wolle sie nur eines: Frieden und Sicherheit.

Bevor wir also davon sprechen können, Menschen aus Syrien, dem Irak oder Jemen zu integrieren, müssen wir ganz fundamentale Dinge leisten: Sicherheit, Ordnung, Hilfe. »Wir schaffen das«, sagt die Kanzlerin.

Aber was genau? Ab wann können wir denn sagen, jetzt haben wir »es« geschafft? Welches sind die Kriterien, die die Kanzlerin zugrunde legt – und die sie hoffentlich hat? Haben wir »es« geschafft, wenn wir Millionen Menschen bei uns aufnehmen, ohne dass das Volk dagegen revoltiert? Ohne dass Pegida und AfD sprunghaft an Zuspruch gewinnen? Ohne dass die CDU aus der Regierung gewählt wird? Oder haben wir »es« geschafft, wenn die Flüchtlinge so werden wie wir? Einem regelmäßigen Job nachgehen, Trennung von Staat und Religion leben, Deutschland als ihre Heimat sehen?

Für mich lautet die Frage: Was sind denn realistische Ziele? Und sind das Ziele, die die Mehrheit der Menschen in unserem Land mitträgt? Wir könnten als Ziele definieren, dass ein bestimmter Prozentsatz von Flüchtlingen arbeiten soll. Dass eine Mehrheit gut Deutsch lernt, was etwa durch Prüfungen nachzuweisen wäre. Dass ein bestimmter Anteil von Flüchtlingskindern einen Schulabschluss erreichen soll. Objektive Kriterien, die ein »Wir schaffen das« überprüfbar machen.

So viel muss klar sein: Eine kulturelle Umerziehung der Zuwanderer ist kein realistisches Ziel. Da mögen wir in allen erdenklichen Sprachen und Formaten die Säkularität unseres Landes bewerben. Jemand, der mit einem bestimmten gesellschaftlichen Wertegerüst aufgewachsen ist und damit gelebt hat, den werden wir – wenn er nicht aufgrund traumatischer Kriegserlebnisse der Verbindung von Religion und Staat abschwört – schwerlich davon überzeugen können, unsere Kultur zu übernehmen.

Zwar schreiben mir als Reaktion auf meine Sendung »Marhaba« zahlreiche Flüchtlinge, die mir glaubhaft versichern, dass sie nach ihren schrecklichen Erlebnissen wirklich einen Neuanfang bei uns suchen. Es schreiben mir aber auch genug Flüchtlinge, die in ihren religiösen oder ethnischen Konflikten aus der Vergangenheit verhaftet sind, die ihrer Heimat nachtrauern. Kann man ihnen das übelnehmen? Wie schwer muss es sein, sich in einer fremden Kultur einzuleben, wenn Freunde und Verwandte massakriert wurden, man der eigenen Zukunft beraubt wurde und in einem Alter, in dem andere bereits Job und Familie haben, ein neues Leben beginnen muss? Die Realität ist: Wir müssen akzeptieren, dass Menschen in unserem Land leben, die traumatisiert sind, die ein anderes Wertesystem haben als wir – und auch, dass wir das nicht ändern können. Das hat womöglich eine gesellschaftliche Vielfalt zur Folge, die unser Land, wie manche Politiker sagen, bereichert. Es kann aber auch dazu führen, dass Exklaven in Deutschland entstehen, wo andere Lebensstandards und -maßstäbe gelten. Wohin die Entwicklung gehen wird, ist zurzeit unklar.

Unsere Zukunft als Flüchtlingsland

Wie könnte unser Land in fünf oder zehn Jahren also aussehen? Wohin könnte die Politik, könnten die Entwicklungen führen? Welche Folgen haben unser Handeln, unsere Entscheidungen, unsere Debatten?

Der Blick auf das Europa dieser Tage muss beunruhigen. In Frankreich erleben die Rechten um Marine le Pen einen enormen Stimmenzuwachs. In der zweiten Runde der Präsidentschaftswahlen 2017 stimmten 33,9 Prozent für Le Pen – jeder dritte Franzose, der zur Wahl ging, wählte also rechts. In Polen sind die Rechtsnationalen in der Regierung und wollen das Land umkrempeln. Viktor Orban hat in Ungarn bereits zahlreiche Gesetze außer Kraft gesetzt. In Großbritannien haben die Menschen für den Brexit und damt gegen Europa gestimmt. Es scheint, als würde Europa nicht offener, sondern verschlossener: Jeder für sich, Grenzen dicht.

Oft wird der »Vormarsch der Rechten« beklagt. Aber die Stimmenzuwächse für nationalkonservative Parteien sind kein Naturereignis oder ein Angriff von außen auf das, was die meisten wollen: eine weltoffene Gesellschaft, in der Platz ist für Menschen aus allen Kulturen. Doch zeigen diese Zuwächse, dass, was wir Journalisten hochhalten, wofür Menschen demonstrieren und was Politiker fordern, nicht mehr Common Sense ist, nicht mehr einem gemeinsamen

Nenner der Menschen in Deutschland und in Europa entspricht.

Wird auch unser Land nach rechts rücken? Angela Merkel ist die personifizierte Mitte der Gesellschaft. Dort, in der Mitte, würden Wahlen gewonnen, hieß es bei den vergangenen Bundestagswahlen. Das bedeutet: keine krassen Parolen, keine extreme Politik, Fokus auf Wirtschaft und Steuern. Im Moment sieht es allerdings so aus, als würde dieses Dogma in Zukunft nicht mehr uneingeschränkt gelten. Die Mitte dünnt aus – zumindest wenn es um Themen wie Flüchtlingskrise, aber auch Euro-Rettung oder Ukraine geht.

Eine zunehmende Polarisierung wäre das denkbar schlechteste Szenario für unser Land. Grenzen sich beide Seiten, das muslimische und das nicht-muslimische Deutschland, voneinander ab, können wir Integration vergessen.

Wie könnte sich eine solche Entwicklung heute verhindern lassen? Weihnachtsansprachen mit arabischen Untertiteln, Quotenregelungen, die Menschen mit Migrationshintergrund Vorrang einräumen? Diese Maßnahmen mögen ein hehres Ziel verfolgen, verstärken aber womöglich das Gefühl vieler Menschen, benachteiligt zu werden. Die werden fragen (und schreiben mir das als Reaktion auf »Marhaba« auch): Was ist mit mir? Warum gibt es keine Quote für mich? Wissenschaftlich ausgedrückt, könnte man das mit dem Phänomen der positiven Diskriminierung umschreiben, wonach Minderheiten aufgrund fördernder gesetzlicher Bestimmungen auf einmal Vorteile gegenüber zahlenmäßig größeren Gruppen genießen.

Das denkbar schlechteste Szenario: ein Europa, in dem sich jeder wieder selbst auf sich selbst konzentriert – ein Szenario, das reeler ist denn je. Ein Europa, das sich über Zuwanderungsquoten streitet, in dem nationalkonservative Regierungen es Ausländern schwermachen.

Wird bei den Bundestagswahlen im Herbst 2017 mit Flüchtlingen Wahlkampf gemacht werden? Die traditionellen Parteien halten sich bewusst mit schrillen Tönen zurück. Das wird schon die AfD übernehmen.

Und was ist mit der politischen Linken in Deutschland und in Europa? Die europäische Linke befindet sich in einer ernsthaften Krise. Daran hat auch die Euro/Griechenland-Problematik, die linker Politik und linken Politikern, zumindest zwischenzeitlich, einige Aufmerksamkeit beschert hat, nichts geändert. Kurz vor der Bundestagswahl 2017 scheint es, dass die Deutschen der Kanzlerin den Vorzug geben vor rot, grün oder rot-rot-grün – trotz ihrer in weiten Teilen der Gesellschaft kontrovers diskutierten Zuwanderungspolitik.

Als Macher von »Marhaba« und als Journalist, der viele Jahre in der arabischen Welt gelebt und gearbeitet hat, ist mein Eindruck: Die unbegrenzte Aufnahme von Flüchtlingen in Deutschland droht die Hilfsbereitschaft überzustrapazieren. Europa ist – was Bevölkerung und

Fläche angeht – groß genug, um beachtliche Zahlen von Hilfesuchenden aus Afrika und dem Nahen Osten aufzunehmen. Es ist jedoch eine falsche Annahme, dass die, die heute zu uns kommen, Deutschland in naher Zukunft wieder verlassen. Die Flüchtlinge und ihre Kinder werden bleiben. Bis zu einem kritischen Punkt kann die Politik ihr Motto »Wir schaffen das« womöglich in die Tat umsetzen und die Bevölkerung dabei mitnehmen. Niemanden, auch nicht den Flüchtlingen, ist geholfen, wenn die Aufnahmewilligkeit der Menschen ins Gegenteil kippt.

Aber: Was ist mit Menschlichkeit, was ist mit dem Asylgesetz, das keine Obergrenze kennt? Was ist mit unserem Grundgesetz, unserem Rechtekanon? Müssen wir definieren, wer wir sind? Dass Deutsch unsere Sprache ist – was bisher nicht im Grundgesetz steht? Dass wir ein christlich geprägtes Land sind? Das Grundgesetz entstand in Zeiten, in denen dies keine relevanten Fragen waren. Heute sind sie das.

Ein Blick in andere Länder kann sicherlich helfen zu überprüfen, was realistisch und wünschenswert ist und was nicht. Frankreich und Großbritannien haben vor allem wegen ihrer kolonialen Vergangenheit eine viel längere und intensivere Erfahrung mit Zuwanderung aus arabisch-muslimischen Ländern als wir. Wenn wir uns Sorgen über Parallelgesellschaften machen, kann man am Beispiel Frankreich sehen, wie schlecht es ausgehen kann. Dort wurde jahrzehntelang gar nicht erst versucht, Zuwanderer – vor allem aus den ehemaligen Kolonialgebieten – in die Gesellschaft zu »integrieren«. Für die Franzosen galt ihr Lebensstil mit Savoir-vivre und Revolution als höchstentwickelte Kultur, und es schien selbstverständlich, dass die Einwanderer aus dem Senegal, Algerien oder Indochina diese französischen Kultureigenschaften übernehmen sollten.

Das hat früher auch auf teilweise bizarre Art und Weise funktioniert – vor allem bei afrikanischen Potentaten stand ein pseudo-französisch-europäischer Lebensstil lange hoch im Kurs. Beispiel: Kaiser Bokassa. Der selbsterklärte absolutistische Herrscher über die Zentralafrikanische Republik ließ sich in einer irren Krönungszeremonie zum Kaiser erklären. Er thronte unter einer Adlerskulptur aus Platin, in rotem Umhang und mit einer europäischen Krone auf dem Kopf. Ein anderes Beispiel: Félix Houphouët-Boigny, der Alleinherrscher der Elfenbeinküste, der in seiner kleinen Dschungel-Heimatstadt Yamoussoukro die zweitgrößte Basilika der Welt aus dem Boden stampfen ließ – ein Betonmonstrum, das sich verschiedener europäischer Stilelemente bediente.

Nicht zu vergessen auch der kongolesische Verbrecherdiktator Mobutu, der sich in der Provinzstadt Gbadolite, die man auch das »Versailles des Dschungels« nannte, eine europäisch anmutende Residenz errichtet hatte.

Man wollte europäisch sein – ob in Schwarzafrika

oder in der arabischen Welt. Viele arabische Staaten hielten an Französisch als zweiter Amtssprache fest. Sie waren in den 1970er Jahren von toleranten Zivilgesellschaften geprägt, die eher nach Paris oder London schauten als nach Mekka und Medina.

Das hat sich verändert. Die Maghreb-Staaten Marokko und Algerien orientieren sich immer mehr an ihrer Berber-Vergangenheit, die Berbersprache wird bewusst gefördert, Französisch verliert an Bedeutung. Der Einfluss der reichen Golf-Araber – politisch, ökonomisch und gesellschaftlich – nimmt zu. Die Menschen schauen nicht mehr mit Sehnsucht nach Westen, sondern eher mit Abneigung.

Wie Frankreich hat auch Kanada viele Erfahrungen mit muslimischer Zuwanderung gesammelt. Ähnlich wie Deutschland heute öffnete sich Kanada zu Zeiten des libanesischen Bürgerkriegs Zuwanderern aus dem kleinen Land an der Levante. Das führte dazu, dass es heute eine beachtliche libanesische Community in dem nordamerikanischen Land gibt. Im Libanon sind ca. 40 Prozent der Menschen keine Muslime, sondern Christen. Insofern befanden sich auch unter den Neu-Kanadiern viele Christen, was Anpassungsschwierigkeiten und Diskussionen entschärfte. Das Nebeneinanderherleben funktioniert heute gut, aber von Integration oder gar gemeinsamer Kultur kann nicht die Rede sein. Ist das ein erstrebenswertes Ziel? Vielleicht ist es das einzige, das realistisch ist in Zeiten, in denen auf beiden Seiten große Angst besteht, die eigene Kultur, Identität, Geschichte und Religion einer anderen opfern zu müssen. Es ist erstaunlich, dass gerade diese Sorgen auf beiden Seiten ähnlich ausgeprägt sind. Das habe ich auch an einigen der Reaktionen auf »Marhaba« gemerkt. Da warfen mir einerseits zahlreiche Menschen aus Deutschland vor, ich würde der Islamisierung unseres Landes Tür und Tor öffnen. Aber es gab auch Stimmen aus der arabischen Welt, die warnten, nicht auf die Sendung hereinzufallen. Ein Nutzer schrieb: »Passt auf, das ist ein Trick, und am Ende nehmen sie den Frauen das Kopftuch weg!«

Die Welt ist unterwegs

Wer in den vergangenen Monaten die mediale Begleitung der Flüchtlingskrise verfolgte, der konnte den Eindruck gewinnen, nur Deutschland sei von einer Zuwandererwelle erfasst. Das mag nach dem vorübergehenden Aussetzen der Dublin-Richtlinie statistisch stimmen. Deutschland ist mehr als jedes andere Land zum Ziel für Flüchtlinge aus Syrien, Afghanistan und dem Irak geworden. Aber der Eindruck, dass die Diskussion darüber, ob und wie es machbar ist, Menschen aus vollkommen anderen Kulturkreisen aufzunehmen, mit ihnen zu leben oder sie zu »integrieren«, eine deutsche ist, täuscht. Es ist eine globale.

Drei Jahre lebte und arbeitete ich als Journalist in den Vereinigten Arabischen Emiraten. Dubai, das Emirat mit den meisten Einwohnern, hatte es innerhalb kürzester Zeit geschafft, zu einer Glitzermetropole zu werden, in der ein bisschen arabische Folklore eher als Disneyland-Verschnitt daherkommt denn als gelebte kulturelle Identität. 75 Prozent der Einwohner des Emirats sind Zuwanderer. Die meisten kommen aus Indien und Pakistan. Auch viele Europäer, Amerikaner oder Australier leben in dem Wüstenstaat. Die Frage nach der kulturellen Identität und wie man diese angesichts der massiven »Überfremdung« erhalten kann, wird in Dubai sehr intensiv geführt. Mit der Antwort darauf lügt man sich jedoch selbst in die Tasche. Die trügerische Wahrnehmung ist, dass all diese Menschen, die in Dubai leben und arbeiten, ja nur »Gastarbeiter« seien, im wahrsten Sinne des Wortes: ohne dauerhafte Aufenthaltsgenehmigung, ohne Aussicht, jemals die Staatsangehörigkeit des Landes zu erhalten. Man muss diese Menschen nicht integrieren, so wird suggeriert, denn sie sind ja bald wieder weg. Damit verkennt man, dass das ganze Land ohne Ausländer schon längst nicht mehr überlebensfähig ist. Und ob man es will oder nicht: Der Prozess der gegenseitigen Anpassung hat dort längst begonnen. Es gibt junge westliche Frauen, die gern den schwarzen Ganzkörperschleier, die Abaya, tragen, weil er auch schick aussehen kann und weil die Menschen ganz anders auf eine verschleierte Frau reagieren. Man sagt ganz selbstverständlich »Salam Aleikum« (Hallo!) und »Ma Salama« (»Tschüss«) oder ist beim abendlichen Schischa-Rauchen dabei. Das hat nichts mit einer tiefergehenden Beschäftigung mit der arabischen Kultur oder Geschichte zu tun. Und wer in Dubai lebt, der erfährt eben genau das: ein Unterhaltungs-Arabien, in dem Plüschkamele in Suks verkauft werden, die aussehen wie die Altstadt von Kairo, aber in Wirklichkeit erst vor wenigen Monaten aus dem Boden gestampft wurden.

Auf der anderen Seite kann man in Dubai auch das traditionelle Leben der Einheimischen beobachten. Doch sosehr sich der Staat auch um diese Generationen bemüht – das Traditionelle ist im Begriff, zu verschwinden. Die Frauen tragen die Abaya – aber ein Bekenntnis zum religiösen Leben ist das schon lange nicht mehr. Es ist bei vielen nur noch modisches Beiwerk.

Vielleicht versammeln sich auch deshalb radikale Vertreter des Islam in den Moscheen, weil ihnen das westliche Treiben ein Dorn im Auge ist.

Es scheint ein weltweites Phänomen zu sein, dass Zuwanderung aus fremden Kulturen teilweise erbitterte Reaktionen hervorruft.

Während meiner Zeit in Dubai spielte sich folgende Begebenheit ab: Ein deutsches Paar lebte bereits seit über zehn Jahren in Dubai. Als die Frau schwanger wurde, entschieden sie sich, in Deutschland zu heiraten. Das Kind kam später in den Emiraten zur Welt. Kurz nach der Geburt bekamen die Eltern Besuch vom Staatsanwalt. Der hatte nämlich zurückgerechnet und festgestellt, dass der Zeugungszeitpunkt vor der Eheschließung gelegen haben musste. Vorehelicher Sex ist in Dubai verboten. Zwar wird das Gesetz kaum angewendet, aber in diesem Fall war der Staatsanwalt ein erklärter Gegner des westlichen Lebensstils und wollte ein Exempel statuieren.

Frankreich, Kanada, die Vereinigten Arabischen Emirate – drei Beispiele, wie Länder mit Einwanderern umgehen und wie sie sich dadurch verändern. Und wir? Nach mehreren deutsch-arabischen TV-Sendungen und Dutzenden Online-Ausgaben von »Marhaba«, nach mehr als 8000 Zuschriften, unzähligen Facebook- und Twitter-Reaktionen auf meine Arbeit kann ich sagen: Wir können heute noch nicht wissen, ob wir »das« schaffen. Jeder Teil unserer Gesellschaft muss dazu etwas beitragen. Wir Journalisten täten gut daran, unsere Arbeit kritischer zu hinterfragen. Da schließe ich mich mit ein. Ist »Marhaba« Journalismus oder Aktivismus? Wie verhält es sich mit vielen anderen Sendungen und Berichten, die wir jeden Tag lesen, sehen und hören? Geben wir wirklich die gesamte – gesetzlich garantierte – Bandbreite gesellschaftlicher Diskussionen ohne Wertung und ohne Meinung wieder?

»Marhaba« war als Sendung für arabische Flüchtlinge gedacht. Inzwischen ist sie zu einem Diskussions-Treffpunkt für besorgte Flüchtlinge und besorgte Deutsche, für Menschen, die helfen, und die, die nicht helfen wollen, geworden. Sie zeigt: Wir müssen reden. Alle. Täglich. Nur so schaffen wir »was«.

الكتاب

حتى نهاية عام 2016 وصل إلى ألمانيا أكثر من مليون لاجئ – مئات الآلاف من السوريين والعراقيين والأفغان. بالنسبة للكثيرين منهم نعتبر نحن شعبا غريبا. وما يعرفونه عن بلدنا هو: أنه بلد آمن، بلد غني يقدم لهم إمكانية للحياة. أما عن مدى اختلاف حياتنا اليومية وثقافتنا – فهذا ما لا يستطيع الكثيرون تصوره.

مقدم البرامج التلفزيونية قسطنطين شرايبر يشرح في هذا الكتاب كيف تفكر ألمانيا، وكيف ينظر اللاجئون، بل والعالم العربي أيضا إلى قيمنا وأسلوب حياتنا، وكيف يختلف تصورهم لألمانيا عن تصورنا الذاتي. إنه كتيب قيم عن التفاهم المتبادل.

المؤلف

قسطنطين شرايبر ، ولد عام 1979، يقدم في التلفزيون الألماني نشرة تاغسشاو الإخبارية، والمجلة الإخبارية الليلية ARD-Nachtmagazin، والمجلة الإعلامية NDR-Medienmagazin Zapp. يتحدث اللغة العربية بطلاقة، ويقدم برنامجا علميا في التلفزيون المصري. إنه ناشر كتاب «ألف جلدة» الأكثر مبيعا في العالم والذي يضم نصوص المدون السعودي رائف بدوي. كما ألف كتاب Inside Islam(داخل الإسلام) الأكثر مبيعا. في عام 2016 حصل شرايبر على جائزة غريم الألمانية (Grimme-Preis) لبرنامجه «مرحبا - الوصول إلى ألمانيا» الذي يشرح فيه للاجئين الحياة في بلدنا.

بعد إكماله لدراسة الحقوق والخدمة التطوعية عمل شرايبر مراسلا في بيروت ودبي، وكان مستشارا إعلاميا في وزارة الخارجية الألمانية لثلاث سنوات. من عام 2012 وحتى عام 2016 عمل كمذيع تلفزيوني ورئيس تحرير في قناة n-tv الإخبارية الألمانية.

قسطنطين شرايبر

مرحبا باللاجئين!
في حوار مع
لاجئين عرب

الترجمة العربية
م. عبد العزيز

أولشتاين

فهرس

«مرحبا باللاجئين!» فكرة وتبعاتها

هل أستطيع أن أقول كيف «تفكر» ألمانيا؟ في ظل أزمة اللاجئين، وفيما يتعلق بالهجرة والاندماج والإسلام؟ لقد عشت وعملت لسنوات عديدة في دول الشرق الأوسط: في سوريا ولبنان ومصر والإمارات العربية المتحدة – وفي كل مرة كنت أشعر دوما وبشكل مباشر كيف هي ردود فعل الناس تجاهي كـ «ألماني»، وما هي تصوراتهم عنا، وما الذي تعنيه ألمانيا بالنسبة لهم. وهذا أدى دائما إلى توجيه السؤال إلي: ما الذي يميز ألمانيا؟ كيف أجيب عندما يسألني أناس عرب «ألا تحبون الأجانب؟»، «هل تأكلون جميعكم لحم الخنزير؟»، «لماذا لم يعد لديكم معتقد ديني؟». إذا فكرنا الآن فيما نريد سرده للاجئين العرب، الذين يأتون إلينا، عن بلدنا وثقافتنا وتاريخنا وحياتنا اليومية، حينها يبدو لي ذلك مألوفا جدا. فكثير من الأسئلة التي طرحت علي، حاولت الإجابة عنها من خلال برنامجي «مرحبا بكم في ألمانيا». في 25 سبتمبر 2015، قدمنا على الموقع الإلكتروني لقناة n-tv الإخبارية أول عدد من مجلتنا العربية الخاصة باللاجئين. ردود الفعل التي تلت ذلك لم أكن أتوقعها: آلاف الرسائل من ألمان وعرب، من أناس ووسائل إعلام من

مختلف أنحاء العالم، طرحوا أسئلة وكتبوا تعليقات وعبارات شكر وانتقادات. كثيرون كتبوا لي عن تصورهم لألمانيا، وما يجعلها متميزة بالنسبة لهم. إلا أنه ينبغي الحرص على عدم الوقوع في شباك التعميم الذي لا يعكس تنوع بلادنا. في هيئة التحرير تحدثنا عن «القواسم المشتركة» في مجتمعنا: ما الذي يمكننا أن نلخصه لبرنامجنا «مرحبا» عن قيم وأفكار نفترض أن غالبية الناس بين فلنسبورغ وباساو تتقاسمها؟ من خلال الحوارات الكثيرة التي أجريتها مع أناس عرب في السنوات الماضية في مصر وسوريا وأماكن أخرى، ومن خلال الرسائل التي تصل من ألمان وعرب حول «مرحبا» والمناقشات التي تدور في هيئة التحرير، أحاول تسليط الضوء على كل ما يميز ألمانيا اليوم في ظل أزمة اللاجئين، ومزاجنا العام، وما يجب معرفته عنّا. ولكن أيضا على التوقعات والأحكام المسبقة والاختلافات التي يحملها معهم الناس القادمون من العالم الإسلامي إلى بلدنا. تفهم الآخر لنا هو الذي سيحدد ما إذا كنا سننجح معا في بناء مستقبل سلمي.

هذه الأزمة بدأت في مكان بعيد جدا. بدأت في ساحات المعارك حول مدينة حلب، وفي أنقاض مدينة مصراته، وفي بؤس طرابلس. وهي امتدت بسرعة عبر البحر الأبيض المتوسط إلى لامبيدوزا، وليسبوس، إلى قلب الاتحاد الأوروبي. ومنذ صيف 2015 وصلت رسميا إلى ألمانيا. الناس الذين كنا نراهم من قبل كنقاط صغيرة في الصور المأساوية لقوارب اللاجئين المكتظة، يقفون اليوم أمام مكتب الشؤون الصحية والاجتماعية لولاية برلين (LaGeSo)، وينتظرون في محطات القطارات أو

الحافلات. حتى نهاية العام الماضي استقبلنا أكثر من مليون لاجئ. إنها تجربة لم يسبق لها مثيل، وتحد للسياسيين والاقتصاد والمجتمع، ولوسائل الإعلام أيضا.

من سبتمبر 2015 إلى سبتمبر 2016 قدمت أول برنامج في ألمانيا خاص باللاجئين باللغة العربية: «مرحبا بكم في ألمانيا». في هذا البرنامج أردت من خلال مقاطع فيديو قصيرة باللغة العربية أن أعطي انطباعا عما يميزنا نحن الألمان وبلدنا. فكرة هذا البرنامج خطرت لي أثناء تمضيتي إجازة الأبوة في سبتمبر. زوجتي وأنا كنا نتابع باهتمام كبير البرامج الحوارية والنقاشات السياسية حول موضوع اللاجئين. الكثير منها أثار غضبنا. فحتى ذلك الوقت كان الحديث يدور بالدرجة الأولى عن اللاجئين وبالكاد معهم. زوجتي هي التي بادرت وقالت لي: «لماذا لا تشرح باللغة العربية ما يدور حوله النقاش في بلدنا حاليا؟ أنت تتكلم العربية، والآن يأتي إلينا مئات الآلاف من الناس، الذين يتكلمون هذه اللغة ويحتاجون إلى المساعدة بشكل عاجل.» ويوم الاثنين مباشرة اقترحتُ الفكرة على رئيسة تحرير قناة n-tv سونيا شفيتيه. وفي يوم الجمعة كانت الحلقة الأولى على الانترنت. وكنا قد قررنا عمدا عدم القيام بحملة علاقات عامة لصيغة الإنتاج هذه. صحيفة Bild الألمانية كانت قد تعرضت لانتقادات شديدة بسبب حملتها «Bild تساعد». فقد قيل إن صحيفة لم تهدف إطلاقا إلى مساعدة اللاجئين، بل إلى الترويج الذاتي. أردنا تجنب تعرضنا لمثل هذا الاتهام. لذا لم يكن هناك أي بيان صحفي، أو أي إشارة إلى الصيغة الجديدة. كما أنه لم تكن لدينا أي فكرة عما إذا كان

البرنامج سيحظى بإقبال لدى الفئة المعنية، أي اللاجئين. فقناة (n-tv) توجه بثها إلى مشاهدين ألمان.

مساء الجمعة، قدمنا الحلقة الأولى على موقع n-tv في الانترنت ونشرناها على فيسبوك. كان ذلك ربما أسوأ توقيت في الأسبوع يمكن فيه الوصول إلى أكبر عدد من الناس. فبدءا من بعد ظهر يوم الجمعة تنخفض عادة حركة الانترنت إلى أدنى مستوياتها. ومن يريد تحقيق نسبة كبيرة من المشاهدة ينشر محتوياته خلال ساعات العمل اليومية - في الصباح أو الظهيرة. لكننا فوجئنا كثيرا عندما رأينا عدد المشاهدات يزداد بوتيرة سريعة، كل دقيقة تقريبا. وخلال فترة زمنية قصيرة جدا وصل العدد إلى نحو 200 ألف مشاهدة، وهو عدد كبير بالنسبة لموقع n-tv.de. ولم يقتصر الأمر على ذلك فقط! فحتى يوم الأحد انتشر الفيديو أيضا بسرعة بين مستخدمي فيسبوك العرب. شخصيات إعلامية عربية بارزة مثل المذيع التلفزيوني محمد عبيد والمدون سلطان القاسمي كتبوا تعليقاتهم على فيسبوك وتويتر – الأمر الذي ساهم بالتأكيد في إثارة الاهتمام بالبرنامج في العالم العربي. في غضون أيام قليلة أرادت قناة الجزيرة وقناة سكاي نيوز عربية وتقريبا جميع وسائل الإعلام الكبرى في المنطقة القيام بتغطية إعلامية للبرنامج. بدا ذلك كما لو أن قناة n-tv ستبث مستقبلا برنامجا كاملا باللغة العربية على مدى ٤٢ ساعة. وفجأة تلقينا طلبات عديدة من صحفيين من بيروت والقاهرة ودبي يرغبون في العمل في برنامجنا العربي. قنوات روسية وأمريكية مثل ABCو Life news سلطت أيضا الضوء على البرنامج. مقاطع

فيديو «مرحبا» التي مدتها 5 دقائق أصبحت بالنسبة لنا مثالا رائعا على مدى إمكانية تقاسم المعلومات ونشرها في كافة أنحاء العالم في عصر شبكات التواصل الاجتماعي.

ردود الفعل على البرنامج تجاوزت حقا كل توقعاتي. وهذا ليس فقط من حيث التغطية الإعلامية لبرنامجنا الذي يبث على الإنترنت. فردود الفعل المباشرة للمشاهدين غمرتنا بمعنى الكلمة. خلال أسابيع قليلة تلقينا أكثر من 6 آلاف رسالة، نصفها تقريبا من مشاهدين عرب، والنصف الآخر من مواطنين ألمان. وفي حين كانت ردود الفعل العربية بهيجة تقريبا، كانت آراء المشاهدين الألمان منقسمة إلى حد كبير، ما يعكس بالتأكيد مزاج المواطنين. «شيء مقزز ... لا يوجد بلد آخر في العالم يخنع للمهاجرين إلى هذا الحد كما تفعل ألمانيا!» هكذا علق أحد المشاهدين على البرنامج في موقع n-tv. وكتب آخر يقول: «أما زلتم فخورين بمثل هذا القرف؟» هل تعتقدون أنه توجد في الدول العربية ترجمة ألمانية!؟» آخرون أرادوا معرفة إن كان مدير البرنامج يتعاطى الحشيش، وتوقعوا «نهاية ألمانيا»، متسائلين إن كان لا يزال هناك ألمان حقيقيون في ألمانيا. «في هذه الأيام والأشهر المقبلة نفقد إلى غير رجعة وطننا وثقافتنا وقبل كل شيء السلام الذي ننعم به»، هذا ما كتبه لي مشاهد عبر البريد الإلكتروني. وطالب آخر بوقف البرنامج: «هنا نتحدث الألمانية، يا من تتبولون في الفراش!» أو بإيجاز: «يكفي مرحبا!»

في المقابل، كانت هناك العديد من التعليقات الإيجابية التي وصلتني عبر فيسبوك والبريد الإلكتروني أيضا. «عملك مهم للغاية. من فضلك لا تتوقف! واصل!!» كتب أحد المشاهدين الألمان. امرأة ترعى اللاجئين بشكل تطوعي، شكرتني على السماح لها بإدراج مقاطع فيديو «مرحبا» ضمن برنامجها التعليمي. «تحياتي! ربما لا تقرأ رسالتي، لكنني أردت أن أقول كلمة سريعة، وهي أنني أجد مشاريعك وعملك شيئا رائعا حقا! أنت تستحق بالتأكيد احترامي!»، هذا ما كتبته مشاهدة على صفحتي في فيسبوك.

لا يزال العديد من السوريين يتصلون بي ويحكون عن معاناتهم، طالبين المساعدة أو معبرين عن شكرهم لبرنامج «مرحبا». شابة سورية كتبت: «أنا بحاجة لمساعدتكم. أنا سورية أعيش في برلين، وأنا لاجئة لدي إقامة دائمة في ألمانيا منذ خمس سنوات. كما تعلمون جيدا الوضع في سوريا سيء حقا. الوضع في سوريا يزداد سوءا ووتيرة التدهور آخذة في الازدياد، بلدي يتحول إلى «جحيم»، وكل شيء ينهار. لقد فقدت أصدقائي وأقاربي وجيراننا في الحرب. كل ما أحتاجه هو بعض السلام لمواصلة حياتي. لذا أتيت إلى برلين لبدء حياة جديدة وبناء مستقبل مهني. أنا مهندسة معمارية تخرجت من جامعة دمشق. أبحث في برلين عن إمكانية تدريب مهني يناسب دراستي. أرجو مساعدتكم لي في إيجاد فرصة للتدريب في الهندسة المعمارية أو التصميم الحضري، رجاء. بذلك أستطيع تحسين لغتي الألمانية من خلال التواصل مع المواطنين الألمان. أحتاج إلى التكيف مع الثقافة

الألمانية والاندماج في المجتمع! مرفق لكم سيرتي الذاتية مع رسالة توضيحية ومستنداتي».

مشاهدة أخرى كتبت: «السيد شرايبر... بداية أريد أن أشكرك جزيل الشكر على شرحك للاجئين العرب جوانب الحياة في ألمانيا. أنا نفسي سورية وأقيم منذ عامين في ألمانيا. لقد لجأت بسبب الحرب إلى ألمانيا، وكنت أريد على أية حال الهرب إلى أوروبا بعد إكمال دراستي!! وذلك لأن النساء في البلدان العربية لا يتمتعن بالحقوق والحرية أو الاستقلالية!! أنا لا أرغب بالضرورة في الزواج بأي رجل عربي، فهؤلاء الناس يعطون انطباعا خاطئا عنا. حتى الآن يخاف الشبان الألمان مني لأنهم يعتقدون أنه لا يجوز لهم إقامة علاقة مع امرأة عربية!! عائلتي، مثل عائلات أخرى قليلة، منفتحة ولا ترى مثلا مشكلة، عندما تقيم المرأة علاقة حب أو تمارس الجنس قبل الزواج، أو تشرب الكحول أو تأكل لحم الخنزير. بسبب تفكيرنا المنفتح تعرضنا للاضطهاد في سوريا!! وحتى بعد قدومنا إلى ألمانيا، حيث أردنا العيش هنا في سلام، بدأ «المتدينون» العرب بتهديدنا!! ولأنني أرتدي ملابس خفيفة في الصيف راقبني ثلاثة رجال بينما كنت مع أصدقائي الألمان في ملهى رقص، وجاءوا إلي وشتموني بكلمة عاهرة باللغة العربية!! لقد قدمت بلاغا لدى الشرطة مرتين، ولكنني لا أستطيع فعل ذلك في كل مرة، لأنني أريد التركيز في دراستي. لا أدري ما ذا يمكنني أن أفعل؟؟!! لذلك أطلب منك أن تخصص حلقة من برنامجك لهذا الموضوع وتشرح للألمان أن العائلات العربية لا تفكر كلها بنفس الطريقة، وأن العرب ليس

لديهم أي حق في التدخل في الحياة الخاصة للآخرين. وهم عليهم أن يحترمونني كما أحترم أنا النساء المحجبات، أليس كذلك ؟؟ !! ولك مني مقدما جزيل الشكر»

عندما أكتب عن هواياتنا، وملابسنا أو علاقات الحب لدينا، فإن هذا يعني بطبيعة الحال أنني أفترض أن هذه الأشياء مختلفة تماما في العالم العربي، أو ربما مُحرَّمة أو لا يمكن تصورها. وهل أختزل الناس في الشرق الأوسط إلى ارتداء الحجاب والقرآن؟ هكذا وصلتني بالفعل ردود فعل مثيرة للجدل إلى حد كبير حول الحلقة الأولى، التي شرحت فيها أن الناس في ألمانيا يتوقفون عند إشارة المرور الحمراء، ويعملون في المتوسط من التاسعة صباحا وحتى الخامسة بعد الظهر، وفي نهاية الأسبوع لديهم عطلة. إثر ذلك اتهمني بعض المشاهدين الألمان بالعنصرية، معتبرين أنني أصور اللاجئين العرب كأغبياء، ولا أعترف علنا بفهمهم لأمور مبتذلة. أنا لا أقصد ذلك بطبيعة الحال. لقد عشت وعملت لفترة طويلة في الشرق الأوسط. وأنا أعرف التنوع الموجود في المجتمعات العربية: من المحافظين المتشددين إلى الليبراليين. لكن هذا واقع ثقافي، بعيدا عن كافة الصور النمطية بأن بعض الأمور في العالم العربي هي ببساطة مختلفة، ولذلك من المنطقي لفت الانتباه إلى مثل هذه الأشياء التي تبدو تافهة، مثل إشارة المرور الحمراء. عندما كنت أعمل صحفيا في لبنان أوضح لي ذات مرة أحد الزملاء أن معظم سائقي السيارات يعتقدون أن العلامات المرسومة على الطرق هي للزينة. إشارات المرور الحمراء موجودة طبعا في العالم العربي أيضا، ولكن من

يتبع إشارات المرور يدرك سريعا أنه لن يتقدم مترا واحدا، لأن كل من حوله يتجاهلون كافة قواعد المرور. وحتى في مدن تبدو غربية، مثل دبي، تعتبر المسألة جدلية. شبكة طرق سريعة بثمانية مسارات تغطي الإمارة الصحراوية بأكملها، ورغم ذلك يعلق المرء دائما في اختناقات مرورية، أو يرى في كثير من الأحيان حافلات محترقة نتيجة حوادث مرورية مروعة. من عام 2007 وحتى عام 2009 عملت كمراسل في دبي. آنذاك قال لي أحد الزملاء، هناك مجموعة معينة من السكان الذين هاجروا من الهند إلى دبي، يُحظرُ على أفرادها النظر إلى الوراء في الحياة، وبأن هذا يشمل للأسف استخدام مرايا السيارة الخلفية أيضا، الأمر الذي يجعل هؤلاء الناس كالانتحاريين، يغيرون مسارات الطريق دون النظر إلى الوراء. أنا لم أستطع أبدا التحقق مما إذا كان ذلك مجرد شائعة أو حقيقة.

ولكن بطبيعة الحال هناك أيضا أمور معينة لدينا عنها تصور نمطي، مثل علاقة الرجل بالمرأة، أو موضوع الحب والجنس. فحتى لدى العرب المستنيرين، أو في أماكن يفترض أنها ذات طابع غربي وتقدمية، مثل بيروت، تخضع هذه الأمور لمفهوم ثقافي واجتماعي مختلف تماما.
في نفس الوقت أنا أدرك أيضا أن ألمانيا، بتاريخها وولاياتها المختلفة، وبتنوع سكانها ولهجاتهم المختلفة، لا يمكن شرحها بطريقة شاملة ومختصرة في عشرة فصول. الناس في بلدنا يعيشون في تنوع مطلق.

الكلمة المعجزة «الاندماج» - وهمٌ أم حقيقة؟

السؤال الذي يحوم في كل النقاشات وبالطبع في هذا الكتاب أيضا هو: هل ستنجح عملية إدماج أناس من ثقافة مختلفة تماما وذوي معتقد مختلف (معتقد يلعب دورا مختلفا في حياتهم بعكس معتقدنا)؟ أو على الأقل هل من الممكن أن يكون هناك تعايش سلمي؟ أم أننا نتجه نحو محنة اجتماعية – عواقبها مجهولة؟ الحقيقة هي أن المجتمعات والثقافات والدول في تغير مستمر. وهذا ينطبق على بلدان الشرق الأوسط مثلما ينطبق علينا نحن أيضا. سوريا كانت في الماضي جزءا من الإمبراطورية الرومانية، ونواة للثقافة المسيحية. وحتى اندلاع الحرب الأهلية كانت الأقلية المسيحية في البلاد، التي تمثل نحو عشرة في المئة من السكان، تلعب دورا هاما في الاقتصاد والسياسة.

ومنذ بداية الحرب عانى مسيحيو سوريا في مناطق واسعة نفس المصير كإخوانهم المسيحيين في العراق ولبنان ومصر: من لديه القدرة يغادر. منذ سقوط نظام صدام حسين فر أكثر من 1.5 مليون مسيحي من العراق. وباستمرار كانت تشن هجمات تفجيرية على كنائس وعمليات احتجاز لرهائن يقتل فيها الكثير

من الناس. وفي الوقت الحالي لا تتعدى نسبة المسيحيين في العراق واحدا في المائة بعد أن كان هذا البلد يضم سابقا جالية مسيحية كبيرة ذات نفوذ سياسي.
مصر كانت في الماضي من أولى دول العالم التي اعتنقت المسيحية. وحتى اليوم يشكل الأقباط أقلية كبيرة ومؤثرة في البلاد، وذلك رغم تعرضهم لعدد من الاعتداءات على يد إسلاميين متطرفين. عملاق الاتصالات الهاتفية النقالة نجيب ساويرس، أغنى رجل في مصر (تقدر ثروته بنحو خمسة مليارات يورو)، هو قبطي.

لبنان كان لفترة طويلة بلدا يغلب عليه الطابع المسيحي. وحتى سبعينيات القرن الماضي، كانت غالبية اللبنانيين تعتنق المسيحية. ومنذ ذلك الحين تغيرت الخارطة الديمغرافية لهذا البلد أيضا. السنة والشيعة لديهم غالبا عائلات تنجب أطفالا كثيرين، الأمر الذي يؤدي إلى تغيير التوازن بين المسلمين والمسيحيين – وهو تطور حرج في هذا البلد الصغير الذي كادت أن تدمره بالكامل الحرب الأهلية التي اندلعت بسبب الانقسامات الدينية واستمرت لخمسة عشر عاما.

من منظورنا الغربي نادرا ما تطرح هذه الظاهرة للنقاش. أمر مثير للدهشة، نهتم بشكل مكثف بالإسلام في الشرق الأوسط. وماذا عن المسيحية؟ هذا في وقت تموت فيه هناك ثقافة شعب ويمحى تاريخ وثقافة عمرهما ألفا عام.

التراث المسيحي في سوريا أو العراق أو لبنان شيء رائع، ويضم أقدم شواهد على أصولنا الثقافية المسيحية. في الفترة القصيرة ما بين 2002–2009 التي شهدت ازديادا في أعداد السياح الذين زاروا سوريا، اكتسبت معلولا شهرة خاصة واعجابا كبيرا. معلولا هي مدينة صغيرة تبعد ساعة تقريبا عن دمشق، وفيها ما زال الناس يتحدثون اللغة الآرامية، لغة المسيح. لقد زرت معلولا لأول مرة في عام 1999 في عيد القديسة تقلا. كانت عائلة سورية صديقة قد دعتني للذهاب معها إلى هناك. كان ذلك في شهر سبتمبر، حيث كانت الليالي باردة. سافرنا في الظلام عبر الجبال الجرداء شمالي دمشق. معلولا تقع في وادي طلْق. في الليل كان سكان معلولا يحتفلون بعيد القديسة تقلا، التي تقول الأسطورة إنها وجدت هنا ملاذا آمنا إثر هربها من بطش الرومان. من على سطح أحد الفنادق كان بإمكاننا مشاهدة الناس وهم يحتفلون بينما كنا نحن ندخن الشيشة (النرجيلة). مر آلاف الناس عبر المدينة الجبلية في طريقهم إلى الدير. وبالنسبة لكثير من الشباب السوريين المسيحيين مثلت أيضا تلك الأمسية ذروة العام. قبل فترة قصيرة تفاجأت عندما قرأت أن تنظيم داعش يبيع كنوزا ثقافية من معلولا لتمويل حربه الهوجاء. هذا المكان بتاريخه العريق - ربما ضاع إلى الأبد.

العالم العربي يتطور حاليا باضطراد إلى مجتمع إسلامي موحد لا مكان فيه لأقليات أخرى أو أناس يتبنون أفكارا مختلفة أو هم أقل تدينا.

هل يمكن أن ينجح الاندماج؟

كثيرا ما يسألني الناس عن رأيي إزاء مستقبل عملية الاندماج والتعايش المشترك، ومدى سلمية المسلمين الذين يأتون إلينا. وطبعا، عما إذا كان ذلك يهدد السلم الاجتماعي في بلدنا. لا بد لي أن أقول بواقعية إن خطر حدوث انجراف وانقسام في المجتمع هو حاليا أكبر من فرصة نشوء ثقافة مشتركة سلمية جديدة تنصهر فيها عناصر المجموعات المختلفة التي تعيش في بلدنا لتُكوِّنَ هوية جديدة. ولكن هناك بلا شك بعض الدلائل التي يبدو أنها تشير إلى حدوث انصهار ثقافي بالفعل لدينا. فعندما يركب المرء المترو في كولونيا أو برلين، يلاحظ أن كثيرا من المراهقين، يتحدثون لهجة «ألماتركية»، وهي مزيج من اللغتين الألمانية والتركية، وهذه اللهجة يتحدث بها أيضا شباب من أصل ألماني. قد يبدو ذلك لأجيال أكبر سنا أمرا غير مألوف، بل وأيضا عديم الذوق لغويا، كأن يقول مثلا أحد الصبية «أذهب متجر ألدي». لكن هذا بالتحديد هو شكل التطور الثقافي، الذي حدث في كل زمن. اللغة تتغير، ونحن نتغير أيضا. وإذا كان هذا يعني الاندماج أو التعايش المشترك، فهو أمر جيد. من السذاجة الاعتقاد أن «هؤلاء» هم الذين يندمجون في مجتمعنا وأننا «نحن» نظل بدون تغيير.

في الوقت نفسه ازدادت في السنوات الأخيرة ردود الفعل الرافضة. وبالرغم من أنه - وبالنظر إلى إحصائيات التطور الديمغرافي - لا يوجد مبدئيا أي داع للقلق من ,,ذوبان الهوية

الألمانية"، إلا أن هناك بعض العوالم الصغيرة التي يلاحظ فيها وضع مغاير. على سبيل المثال، في حي نويكولن البرليني ينحدر أكثر من 41 في المئة من سكان الحي من أصول مهاجرة. الأتراك يعزلون أنفسهم، وكذلك العرب أيضا -الانفتاح على بلدنا أمر لا يجب البحث عنه في نويكولن وحدها. ففي حي فيدينغ البرليني ألقت علي ذات مرة مجموعة من الشبان العرب التحية بالقول «أنت، أيها الألماني!»، وفي نظرهم تعد هذه إهانة. وحتى إذا أبدى المرء تفهمه لذلك، إلا أنه لا بد من الإقرار بأن الاندماج لن ينجح هكذا.

دور وسائل الإعلام

في أوقات تزداد فيها الفجوة بين الشرق وأوروبا اتساعا، تشتد أيضا اللهجة في التلفزيون ومنتديات الانترنت. وحسب فهمنا لم تكن هناك في الواقع أية صحافة موضوعية في العالم العربي. قناة الجزيرة كانت محاولة لافتة لتقليد نماذج إعلامية غربية ناجحة مثل „بي بي سي" أو „سي إن إن" في الشرق الأوسط. ولفترة من الوقت بدا كما لو أن هذه المحاولة تسير بشكل جيد.

فبعد هجمات 11 سبتمبر 2001 والحرب التي تلت ذلك ضد حركة طالبان في أفغانستان، اكتسبت قناة الجزيرة سمعة ايجابية في جميع أنحاء العالم. وكواحدة من بين قنوات تلفزيونية قليلة، كانت الجزيرة تبث أيضا أثناء القصف الجوي وباستمرار من

كابول وأجزاء أخرى في البلاد. وسائل الإعلام الغربية التي لم يكن لديها صحفيون في عين المكان، كانت في كثير من الأحيان تتبنى معلومات الجزيرة وتصنفها بالتالي كمصدر موثوق. قناة الجزيرة أصبحت في الأثناء تحظى بأهمية ونفوذ كبيرين في العالم العربي، وهذا بدوره يعزز المكانة السياسية لدولة قطر الصغيرة، حيث المقر الرئيسي للقناة.

إنه حتما ليس بمحض الصدفة أن تطلق قناة الجزيرة محطة باللغة التركية. وفي الأثناء هناك أيضا قناة الجزيرة الموجهة لدول البلقان، المنطقة الوحيدة في غرب أوروبا التي يغلب عليها اليوم الطابع الإسلامي. وحتى إذا لم تعترف القناة بذلك رسميا، إلا أنها بالطبع تحاول ربط المجتمعات الإسلامية في جميع أنحاء العالم بمصدر المعلومات من قطر، لأن المعلومات الواردة من هناك قلما تكون لها علاقة بالصحافة الموضوعية، وإنما بأجندة سياسية واضحة. وهذا اتضح بوجه خاص فيما يتعلق بالتوترات السياسية الأخيرة بين قطر ودول الجوار الخليجية. فعندما عرضت وسائل إعلام دولية صورا لمتاجر مواد غذائية خالية من السلع في الدوحة كدليل على مدى معاناة البلد من الحصار الذي فرضته عليه دول عربية أخرى، حينها عرضت قناة الجزيرة صورا لمتاجر ممتلئة بالسلع، قائلة إنه لا يوجد نقص في الإمدادات في الدوحة.

الثورة المصرية وما تلاها من تطورات ما عرف بالربيع العربي وضعا نهاية مفاجئة لازدهار الصحافة في الشرق الأوسط. قناة

الجزيرة فقدت تماما الثقة التي ميزتها كمصدر موضوعي إلى حد ما. وتواجه بشكل خاص القناة التابعة لها في مصر «الجزيرة مباشر» منذ سنوات اتهامات بدعم جماعة الإخوان المسلمين. وتقول إذاعة ألمانيا إنه تبين لها في عام 2014 أن أعضاء هيئة تحرير القناة ليسوا صحفيين، بل إسلاميون متشددون.

في السنوات القليلة الماضية قمت بزيارات كثيرة لقناة الجزيرة في الدوحة، كانت آخرها من أجل التحضير لبرنامج „سايتك" الذي أردنا انتاجه بالتعاون مع قناة الجزيرة. لقد عايشت بنفسي كيف تغير تدريجيا أسلوب عمل القناة وتوجهها. «سايتك» هو مجلة تلفزيونية باللغة العربية أنتجها وأقدمها منذ عام 2011 بالتعاون مع قناة «أون تي في» المصرية. «أون تي في» من كبرى القنوات التلفزيونية الخاصة في البلاد، أسسها مصري مسيحي وتحاول رغم بيئة العمل الصحفي الصعبة معالجة المواضيع بطريقة متوازنة. في صيف عام 2015 عقدنا صفقة مع قناة الجزيرة تشمل أيضا انتاج نسخة من البرنامج للمؤسسة الإعلامية القطرية. حلقات البرنامج كان يفترض أن تدور أيضا حول كيفية بناء مخيمات للاجئين بتجهيزات أفضل في الشرق الأوسط من خلال الاستعانة بالخبرة الألمانية. أثناء الإنتاج كانت هناك دائما محاولات لإضفاء طابع سياسي على هذا البرنامج العلمي. وفي يناير 2016 قررت عدم المشاركة في هذا المشروع.

منذ فترة تحظى القناة الروسية «روسيا اليوم» بإقبال متزايد في العالم العربي. والسبب، هو أن الكثيرين يأملون في تقدم قناة الكرملين بديلا مضادا لوسائل الإعلام الغربية المتنفذة.
وكيف هي الحال هنا؟ هنا في ألمانيا؟ هنا لم يحدد بعد معظم الناس من أصول عربية توجهاتهم الإعلامية. وهذا رغم الجهد الكبير الذي تبذله القنوات التلفزيونية والصحف. في التلفزيون العام يعمل المذيعان دنيا حيالي (المنحدرة من أبوين عراقيين) ومتري سيرين (من أصل تركي سوري). ولكن عندما يسأل المرء مهاجرين عرب من الجيلين الأول والثاني عن صحفيين مشهورين، يذكرون أولا أسماء مثل نادين هاني أو ريما مكتبي من قناة العربية، وهما مذيعتان لبنانيتان ليستا معروفتين تماما بالنسبة لنا.

ولكن ماذا يمكن أو ينبغي على وسائل الإعلام فعله في هذه الحالة؟ في برنامجي «مرحبا» أنا أنطلق من الدور الأساسي للصحفيين: فهم ينبغي أن يبدؤوا حوارا بالنيابة عن قرائهم ومشاهديهم ويستمروا فيه. فدور وسائل الإعلام يتمثل في عكس النقاشات المجتمعية في بلدنا، وتوفير مساحة للتحاور بشأنها – وهذا يشمل جميع الأطراف المعنية بهذه النقاشات. وانطلاقا من ذلك لا يريد برنامج «مرحبا» الحديث عن اللاجئين، بل معهم. البرنامج يشاهده لاجئون وألمان على حد سواء. إنهم يتناقشون معي ومع بعضهم البعض. وهذا يسرني، حتى وإن كنت لا أتفق معهم في الرأي دائما.

وما يرتبط أيضا ارتباطا وثيقا بمسألة دور وسائل الإعلام هو نوعية العمل الصحفي: ما مدى جودة أو سوء التغطية الإعلامية في ألمانيا؟ أزمات عام 2015 بوجه خاص لم تجلب الشهرة لبعض وسائل الإعلام في ألمانيا. أزمة اللاجئين، والحرب في أوكرانيا، وحادث تحطم طائرة الركاب التابعة لجيرمان وينغس الألمانية – صحفيون تعرضوا لانتقادات شديدة بسبب طريقة تغطيتهم للأحداث. واتضح أيضا خلال أزمة اللاجئين: أنه مع التزايد الواضح لأعداد الناس الوافدين إلى بلدنا، لم يعد بالإمكان الوثوق فينا نحن الصحفيين بتقديم تغطية مستقلة. مصطلح «صحافة الكذب»، والذي كان يستخدمه أيضا متظاهرو حركة بيغيدا اليمينية في دريسدن، وصف ذلك بحدة: هل كل ما يكتب يوميا في الصحف أو يعرض على شاشات التلفزيون أو يظهر على الإنترنت، لم يعد مطابقا للواقع في بلدنا؟ نحن الصحفيين صرخنا غالبا بصوت عال. كل هذا هراء. وأولئك الذين أطلقوا تلك الاتهامات، لم يعد على أي حال بالإمكان الحصول منهم على حجج واقعية. إذاً، علينا نسيانهم وتجاهلهم بكل بساطة. ولكن هل الأمر حقا بهذه البساطة؟

أحد زملائي أخبرني عن قناة تلفزيونية أجنبية أرادت أن تختبر مدى كراهية الناس في شرق ألمانيا للأجانب. المحررون كلفوا رجلا أسود البشرة بالقيام بجولة على متن دراجة هوائية من مدينة هاله إلى مدينة روستوك. وتم تثبيت كاميرا صغيرة على دراجته بهدف تسجيل جميع المضايقات العنصرية. بعد عدة أيام وجولات كثيرة بالدراجة عبر مدن ألمانيا الشرقية، تبين لفريق

التحرير أن الرجل لم يتعرض لأية مضايقات عنصرية، بل على العكس من ذلك: الرجل بمظهره الغريب سئل عدة مرات بطريقة ودية إن كان بحاجة إلى مساعدة. ولكن حتى اليوم لم تبث تلك القناة أي تقرير عن المعاملة الودية التي تلقاها الرجل في المدن الصغيرة.

أكثر الفئات المهنية التي تظهر استطلاعات الرأي في ألمانيا حصولها بشكل دوري على أدنى معدل للثقة، هم السياسيون والصحفيون. هناك عدد غير قليل من الناس الذين لديهم اعتقاد أساسي بأن وسائل الإعلام لم تعد منبرا للنقاشات الاجتماعية أو مصدرا موثوقا للمعلومات، بل أن وسائل الإعلام الألمانية تريد التأثير على الرأي العام – بما يخدم مصالح مختلف الأحزاب والمنظمات والأيديولوجيات.

الفرضية الأساسية بأن ما يشاهد أو يسمع أو يقرأ في الصحف والانترنت والتلفزيون، لا يجسد الموضوعية البحتة، أصبح في الأثناء يتألق في جميع القنوات والمؤسسات الإعلامية – والنتيجة هي أن نجوم الإعلام الثابتة لم تعد لها الأهمية التي كانت تتمتع بها في السابق. جمع المعلومات ونشرها عبر فيسبوك وتويتر أصبح بالنسبة لكثير من الناس بديلا لنشرات الأخبار التلفزيونية، كنشرة تاغسشاو.

نحن الصحفيين قد يكون حالنا كحال بعض السياسيين. نحن نتحرك في عالم مختلف تماما خاص بنا. نتحدث، ونعمل،

ونتناقش مع صحفيين آخرين في غرف التحرير، ونلتقي بزملاء من مؤسسات إعلامية أخرى في مؤتمرات أو فعاليات. الحياة تجري أحداثها في برلين وهامبورغ وكولونيا – في المدن التي تحتضن أكبر عدد من المؤسسات لإعلامية الكبيرة. ولهذا قد نفقد جزءا من صلتنا بالناس الذين يقرأون ويشاهدون ويسمعون ما نقدمه لهم. في ربيع عام 2015 لاحظت ذلك بوضوح تام بضع مرات. حينها كان قد صدر لي كتاب «ألف جلدة»، والذي جمعتُ فيه نصوص المدون السعودي رائف بدوي، الذي يقبع في السجن في السعودية. جريمته هي أنه انتقد في مدوناته على الإنترنت قادة بلده ودور الدين في الحياة اليومية في السعودية. بداية حكم عليه بالإعدام، ثم استبدلت عقوبته بألف جلدة، وتلقى الجلدات الأولى في عام 2015، الأمر الذي أثار احتجاجات في كافة أنحاء العالم.

حقق الكتاب نجاحا كبيرا، وسافرت لحضور مواعيد كثيرة في جميع أنحاء ألمانيا، وغالبا بعيدا عن مراكز المدن الكبرى. هذه الجولات واللقاءات القصيرة مع الناس أوضحت لي جليا – أن ماهو عادي بالنسبة إلينا في برلين، لم يصبح بعد جزءا من الحياة اليومية في كثير من المدن الألمانية الصغيرة والمتوسطة. تنوع ثقافي كما في حي نويكولن البرليني لا وجود له هناك.

إنه بالطبع خط فاصل رفيع وشائك. كيف يمكن التعامل إعلاميا بجدية مع قلق الناس ومخاوفهم، ومناقشة ذلك بدون تقديم منصة لمن لا يريدون في الواقع خوض أي نقاش مجتمعي ديمقراطي

حول هذا الموضوع، بل التحريض والاستفزاز والانقسام؟ المسألة هي فقط: أنه كلما اتخذت وسائل الإعلام وممثلوها موقفا أكثر وضوحا «داعما للاجئين»، كلما ازداد الخطر بأن ينتاب المزيد من الناس الشعور بأنه لا يتم إيصال المعلومات إليهم، بل الترويج لنهج حكومي. وهذا تصاحبه ظاهرة تحول الإنترنت والمنتديات الإلكترونية إلى مستنقع لدعاية تحريضية شريرة. وكلما قلَّت الجوانب غير المرغوبة في نقاش ضمن وسائطنا الإعلامية، كلما وجدت هذا النقاشات طريقها إلى الإنترنت، حيث يلتقي من يعتقدون أن الحكومة ووسائل الإعلام يتآمران بشكل من الأشكال. هنا يتوجب علينا كصحفيين مراقبة ذلك، وأيضا محاولة إعطاء الكلمة وجزء من وقت إرسالنا لمن نعارض شخصيا مواقفهم وأهدافهم. علينا أن نثق في أغلبية مشاهدينا، وأن نستخلص الاستنتاجات الصحيحة.

دور السياسة

السؤال هو: في أي نوع من البلدان نريد أن نعيش؟ كيف ينبغي أن يكون هذا البلد؟ عليه أن يحمي حريتنا، ويسمح بتنوع الآراء ويتيح للجميع فرصة تشكيل حياتهم – هذا على الأقل سيكون جوابي.

أزمة اللاجئين الحالية توفر مادة نقاش للكثيرين، وغالبا بهذا المستوى. مؤخرا سمعت امرأتين تعتنيان بالمراحيض تتبادلان أطراف الحديث وتشكوان من أن اللاجئين يشغلون كافة الصالات الرياضية، وأنه لم يعد بإمكانهما ممارسة التمارين الرياضية. وفي المترو سمعت اثنين من قراء الصحف يعبران

عن غضبهما إزاء رفع رسوم التأمين الصحي في عام 2016. أحدهما قال للآخر: «اللاجئون يحصلون على كل ما يريدونه، ونحن مجددا الأغبياء». هل هي عبارات مبتذلة؟ نعم، ولكنها قبل كل شيء صيد ثمين لأحزاب كحزب البديل من أجل ألمانيا (AFD) اليميني الشعبوي. مهمة المستشارة في الوقت الحالي هي إشراك الجميع. أي أن أزمة اللاجئين ينبغي ألا تكون شأنا لطلاب من عائلات محترمة يحبون العمل التطوعي، بل يجب أن يكون معنيا بها أيضا حتى أولئك الذين يشعرون بأن الدولة تسيء معاملتهم. أولئك الذين يرددون «هؤلاء يحصلون على كل شيء، ونحن نحصل دائما على القليل!» – شعور كهذا يحمل في طياته خطرا كبيرا.

في الوقت الحالي تفعل الحكومة الألمانية الكثير لمساعدة الناس القادمين من بلدان أخرى في التعرف على هياكلنا وفهم قيمنا وتاريخنا. مهمة ليست بالسهلة. هل يمكن لوم أحد على ذلك؟ تخيل، أننا نحن «الألمان» نهاجر بين عشية وضحاها إلى الصين. سواء كان ذلك لأننا نأمل في الحصول على عمل هناك، أو لأننا مضطرون للفرار، كما هي الآن حال الكثير من السوريين. فهل سأكون متحمسا لقراءة كتيبات عن الحكومة الصينية، وحضور دروس عن تاريخ الصين والتقاليد الصينية؟ قد أفعل ذلك حتما، إذا كنت مضطرا. لكن بالكاد سيكون لدي حماس ورغبة حقيقية.

كون ذلك ممكنا بطريقة مختلفة يبينه مثال من العالم العربي – حتى وإن كان غير طوعي. عملاق الإعلام العربي «مجموعة

MBC» اشترت في مطلع الألفية الثالثة عددا كبيرا من المسلسلات التركية، ومن ثم ترجمتها ودبلجتها للبث العربي. هذه المسلسلات وجدت في وقت قصير جدا إقبالا كبيرا في جميع أنحاء العالم العربي -التأثير المدهش لذلك هو أن الكثير من الناس أصبحوا فجأة ملمين إلى حد كبير بالحياة والثقافة والتاريخ في تركيا. الممثلون في التلفزيون التركي تحولوا إلى نجوم حقيقين. هذا بالطبع لم يكن مخططا له، ناهيك أن يكون بمثابة وسيط ثقافي. لقد حدث ذلك بكل بساطة. وهذا يظهر أن الأمور غير المخطط لها، والتي تنشأ بهدف تحقيق مصالح بسيطة، غالبا ما تنجح بشكل أفضل. البرامج الإعلامية الحكومية، كونها فقط تكتسي صبغة رسمية، تهدف إلى التلقين، ولهذا لا يرغب أحد فيها. وهذا يعني -من منظور سياسي «للأسف» -أنه بالكاد يتسنى التخطيط للمعلومات والصور والمثل العليا الألمانية التي تصلح لتوظيفها كوسيط حقيقي.

كيف نرى بلدنا؟ هكذا تفكر ألمانيا

نحن الألمان يصعب علينا التأمل الذاتي. جرائم الدكتاتورية النازية، والحرب العالمية الثانية وتبعاتها المدمرة - كل ذلك يجعل من الصعب علينا تنمية نوع من الوعي الذاتي الوطني. ولكن في أوقات يريد فيها ملايين الناس القدوم إلى بلدنا أو يأتون بالفعل، لم يعد بإمكاننا تجنب السؤال عن هويتنا الخاصة. الوافدون الجدد لديهم بالتأكيد تصور واضح عنا وعن بلدنا – وماذا عنا نحن؟ كيف نعرف أنفسنا؟ نحن البرلينيين؟ نحن الألمان الشماليين؟ نحن الساكسونيين والبافاريين؟ هل هناك قواسم مشتركة، نجد فيها كينونتنا الألمانية؟

من المؤكد أن هناك صورة نمطية للألمان: يحبون شرب البيرة وأكل شرائح اللحم، ويعشقون كرة القدم، وملتزمون بالمواعيد، ومنضبطون دائما. أبدأ بنفسي أنا، هذه الصورة لا تنطبق علي. فأنا أفضل شرب النبيذ على البيرة، وأحب أكل الخضروات على شرائح اللحم، وأشاهد كرة القدم فقط أثناء بطولة كأس الأمم الأوروبية أو بطولة كأس العالم. وإذا نظرنا إلى حي برينزلاوربيرغ في برلين، يتعين على أي حال تغيير صورة الرجل الألماني العادي بالكامل. هناك من الطبيعي أن يحظى

الرجل بإجازة الأبوة، وأن يحمل طفله الرضيع في حمالة أطفال ويتجول به في الحي. الناس ينفقون اليوم الكثير من المال لشراء المواد الغذائية العضوية، ويفضلون أن تكون نباتية أو نباتية صرفه. البدائل هنا كثيرة: يوغا للأطفال الصغار، ودروس اللغة الصينية لجميع أفراد الأسرة. كل شيء قد يخطر على بال الإنسان. وأنا بالمناسبة أسكن في هذا الحي أيضا، وأشعر أحيانا أن هذا مبالغ فيه بعض الشيء.

بالتأكيد الحال مختلف في بافاريا مثلا. لقد درست في باساو. وقبل أن أبدأ دراستي هناك في عام 1998، لم أكن قد زرت بافاريا السفلى أبدا. ما زلت أتذكر أنني وصلت إلى هناك في شهر نوفمبر/ تشرين الثاني، وعندما كنت مارا عبر ساحة إكسرسيربلاتس قابلت زوجان يرتديان الزي البافاري التقليدي الديرندل والسروال الجلدي. أصبت بدهشة كبيرة. اعتقدت حتى تلك اللحظة أنه ليس من المعقول أن يرتدي الناس حقا هذه الملابس. كنت أعرف هذه الأزياء فقط من خلال التلفزيون، حيث كانت تظهر في برامج الموسيقى الشعبية الألمانية (شلاغر) التي تعرضها القنوات الحكومية. عندما ذهبت إلى حفل الاستقبال التقليدي للطلاب الجدد في الجامعة المعروف باسم (Leberkäs)، ويعني بالألمانية الفصحى كبدة بالجبن، تعجبت عندما وجدت لحما كثيرا، ومن ثم سألت أين هو الجبن. حينها رأيت وجوها مستغربة، نادرا ما رأيت مثيلا لها. اللغة، والملابس، والثقافة – كل ذلك كان غريبا جدا بالنسبة لي. لكن هذا يظهر مدى تنوع بلدنا، وأنه قلما يمكن تعميم ما يقال عن ثقافتنا. وهذا يظهر أيضا

أنه قلما توجد إرشادات عامة حول كيفية الاندماج في بلدنا. أولا (أ)، ثم (ب)، ثم (ج)، ومن ثم أنت ألماني؟ هذا لن ينجح.

لإعداد هذا الكتاب، أردت أن أعرف من قرائنا ومشاهدينا ما تعنيه ألمانيا بالنسبة لهم. الإجابات المذكورة هي طبعا ليست نموذجية وشاملة، لكنها يمكن أن تعطي انطباعا عن المزاج العام السائد حاليا في بلدنا.
«ألمانيا هي بالنسبة لي، الوطن، والأمن، والتنوع، والحرية.»
«المساواة بين الجنسين، والحرية الدينية، والتسامح. عدم الشعور بالخوف، خصوصا كامرأة – وأن أسير في الشارع بدون أن ينتابني شعور غير مريح، وأن أستطيع الاستمتاع بحياتي، بدون أن يتدخل شخص ما في شؤوني.»
«أن أتمكن من السفر أينما أردت. وألا أشعر بالخوف من الحرب، وأن يكون لي دائما مسكن يأويني.»

هل يمكن القول، بالنظر إلى الأجيال المختلفة، كيف هو «مزاجهم العام»؟ جيل ما بعد الحرب يعزى إليه أنه أعاد بناء بلدنا المدمر. المثابرة، والصبر، والروح الجماعية، والتواضع، هي بالتأكيد سمات نسبت إلى كثير من الناس في هذا الجيل. لكن ذلك الزمن كان مختلفا. لم يكن هناك هذا التنوع في العوامل المؤثرة على الحياة اليومية، والتي كان من شأنها أن تتيح التميز عما هو عادي. المطاعم الصينية، ومطاعم الشواء اليوغوسلافية ظهرت في ألمانيا في وقت متأخر جدا. فحتى أواخر عقد 1970 كان هناك مطبخ ألماني جيد.

جيل عام 1968 وضع حدا لألمانيا البرجوازية الفاترة بعد الحرب – وحاسب بقسوة الجيل الذي كان أثناء الحكم النازي في خط واحد مع هتلر. ومن ثم بنى على أنقاض الحرب العالمية الثانية ألمانيا الجديدة. حب متحرر، وسياسة يسارية قدر الإمكان، كانت تلك بالتأكيد روح الغرب في عقد 1970 وحركة فلاور باور (flower power) السلمية.

الألمان في عقد 1980 -كنت حينها صغيرا جدا، لكنني أستطيع أن أتذكر الكثير. على سبيل المثال ابنة جيراننا، التي كانت مولعة بفيلم الرقص Dirty Dancing وبمايكل جاكسون، وكانت تحب تسريحة الشعر المجعد وارتداء سراويل الطماق والذهاب في المساء إلى الحفلات الصاخبة مع شبان جذابين. ألمانيا كانت حينها لا تزال الشريط الضيق الطويل على الخريطة. طرق عبور سريعة كانت تؤدي إلى برلين. ومن ذكرياتي الأولى هي أنه كان علينا عند نقاط التفتيش على الحدود الألمانية-الألمانية وضع جوازات سفرنا في نهاية طابور الانتظار في أنبوب هوائي ناقل. ومن هناك كانت وثائق السفر تمر عبر أنابيب طويلة لتصل إلى حرس الحدود – آنذاك كنت منبهرا إلى حد ما من تلك الآلية التي تعمل تلقائيا بدون الحاجة لإنسان. حرس الحدود كان دائما عابسا، وبين ألمانيا الغربية وبرلين الغربية كان يقف دائما أناس على جسور الطرق السريعة ويلوحون بلطف. برلين نفسها كانت آنذاك مختلفة جدا عن اليوم. لم يكن فيها أناس مولعون بالموضة، ولا سوابيون. وبالمقابل كانت تعج بالمشاكسين، وكانت أقل تألقا من اليوم. ورغم ذلك استطاعت

العاصمة الألمانية أن تلحق بالركب فيما يتعلق بالمعايير الدولية لمدينة عالمية.

جيل التحول

ماذا على المرء أن يفعل عندما يكون قد أنهى للتو المدرسة، وفجأة لم يعد هناك وجود للنظام الذي كان قد خطط حياته على أساسه؟ سقوط الجدار وإعادة توحيد ألمانيا في عام 1990 غيرا حياة الآلاف من الألمان بين عشية وضحاها. فجأة لم نعد مواطني ألمانيا الشرقية وألمانيا الغربية، بل أصبحنا شعبا واحدا. عاصمتنا لم تكن بون المنظمة والأنيقة، بل برلين الكبيرة والمتنوعة. ومن يسأل الأشخاص الذين كانوا عند سقوط الجدار في سن 18 أو 20، يسمع قصصا عن أناس رضوا بالعمل كممرضين مثلا، لأنه بسبب عدم ولائهم للنظام الحاكم ما كان سيسمح لهم أبدا بدراسة الطب في ألمانيا الشرقية. ومن ثم حصلوا فجأة على فرصة للعمل كأطباء. إنك تسمع عن أناس كانوا يحلمون دائما برؤية نيويورك، لكنهم اكتفوا على الأكثر برؤية موسكو مرة واحدة. لكنك تسمع أيضا عن أناس في منطقة الراين لم يزوروا حتى اليوم أيا من الولايات الألمانية الجديدة، وربما لم يتغير أي شيء بالنسبة لهم في ذلك اليوم التاريخي 9 نوفمبر 1989. لقد سألت بعضا من أبناء «جيل مرحلة التحول» عما يربطونه بألمانيا الشرقية وألمانيا الغربية. «معاداة الأجانب والتعصب» قالت إحدى مشاهدات برنامج «مرحبا» التي تنحدر من غرب ألمانيا. وشخص آخر شكى من ضريبة التضامن التي لا تزال تدفع لدعم الولايات الشرقية، معتبرا أن الناس هناك غير ممتنين

بما فيه الكفاية. أحد مشاهدي «مرحبا» أكد أنه لم يعد يوجد شرق وغرب بالنسبة إليه. وأن فقط جيل ما فوق الستين يصف اليوم ميونخ وهامبورغ على حد سواء بـ «الغرب».

أي جيل لدينا الآن في الواقع؟ كثيرا ما يدور الحديث عن جيل التدريب المهني أو جيل عقود العمل التسلسلية. قد يكون من الأحرى وصفه بجيل المستقبل. إذ لم يحدث من قبل أن انتظر الكثير من الشباب تحمل المسؤولية من أجل بلدنا. حتى الآن نجد أن أبناء جيل طفرة المواليد، البالغة أعمارهم اليوم ما بين 05 و65 عاما، يشغلون جميع المناصب الهامة تقريبا في بلدنا وفي مجتمعنا. في غضون بضع سنوات سيحدث في العديد من الأماكن تغيير للأجيال، بصورة لم يسبق لها مثيل في تاريخ ما بعد الحرب. وبعد ذلك سوف يتولى مقاليد الأمور الجيل الأصغر سنا. وهذا بالنسبة للكثيرين أمر بديهي جدا. ومن أجل ذلك راهن كبار السن بحياتهم المهنية: المساواة بين الرجل والمرأة، أوروبا موحدة، مجتمع متعدد الثقافات. بعض التحديات التي يجلبها معه مجتمع كهذا، والتي نتحدث عنها اليوم في ظل أزمة اللاجئين، ربما تكون قد أصبحت نسبية مع تغير الأجيال هذا – لأن الشباب يترعرعون في عالم يكون فيه التعايش بين ثقافات مختلفة وأناس مختلفين واقعا ملموسا وفعالا.

ألمانيا في عشر نقاط

هل يمكن حقا شرح ألمانيا في عشر نقاط؟ بالطبع لا! وهذا ليس هو الهدف من «مرحبا» أو هذا الكتاب. ولكن هذه النقاط العشر يمكنها أن تمنح الناس في الدول العربية الإسلامية حوافز للتفكير. إنها تعبر عن الكيفية التي ننظر بها إلى أنفسنا وعما ننتظره من المهاجرين. وهي يفترض أن تستبق الصدمات الكبرى والدهشة الكبرى، والأسئلة الكبرى التي قد تكون لدى إنسان عربي، عندما يرى في الشارع نساء يردتين تنانير قصيرة، وعندما يذهب لشراء الطعام، وعندما يتحدث مع الألمان. هذه النقاط العشر يمكن أن تعطي فكرة عن ألمانيا، وترفع مستوى الوعي، وهي دعوة للاستمرار في الاهتمام بنا. وبتوضيحي لذلك من خلال برنامجي وهذا الكتاب باللغتين الألمانية والعربية، أريد أن أقول: «نحن نتقدم خطوة باتجاهكم، والآن يجب عليكم اتخاذ خطوات باتجاهنا!»

1. السياسة

لقد التمسنا الدفء مع «أمّنا». لأكثر من عشر سنوات اعتدنا على الأسلوب السياسي الهادئ لأنغيلا ميركل، الذي يقول لنا: كل شيء غير مؤلم. أزمة اليورو، أزمة اللاجئين، كل ذلك سيعالج بطريقة ما. لقد ولت أيام اليد الثابتة في عهد شرودر، والتي كانت تعني في الواقع الخلافات فقط.

وهذا جيد بطريقة أو بأخرى، لأننا نشعر بأمان مريح جدا في عالم تبدو فيه أمور كثير قد خرجت عن نطاق السيطرة. ويشعر المرء بالارتياح أن ألمانيا، التي ساقت العالم أثناء الحقبة النازية المظلمة إلى الحرب، وكانت مسؤولة عن موت ملايين الناس، تدافع اليوم عن شيء مختلف تماما، شيء إيجابي: براغماتي، توسطي، وممكن. وحتى إذا كان الكثير من الناس في اليونان يرون ذلك بطريقة مختلفة، فإن المستشارة (وكذلك السياسة الألمانية ككل) تتمتع بسمعة جيدة، كونها تسعى لحل المشاكل بأسلوب غير عاطفي.

إذاً، أمٌنا إلى الأبد؟ في ذروة أزمة اللاجئين في عام 2015، بدا للحظة كما لو أن ميركل ستفقد كرسي المستشارية. داخل الاتحاد المسيحي احتدم الخلاف. فكونك تظهر في برلين الإنسانية وتقول للاجئين: «أنتم مرحب بكم في ألمانيا» فإن هذا شيء، والشيء الآخر هو أن يتحمل سياسيو الاتحاد المسيحي في دوائرهم الانتخابية سخط من لا يشعرون أنه بالإمكان التغلب على هذه الأزمة.

دور أساسي في سياسة اللاجئين الميركلية لعبه بالتأكيد لقاؤها مع الفتاة الفلسطينية اللاجئة ريم سحويل. في يوليو عام 2015، التقت المستشارة بالفتاة البالغة من العمر 14 عاما في حوار مع المواطنين في روستوك. وعندما سألت ريم المستشارة إن كان سيسمح لها بالبقاء في ألمانيا، أجابت ميركل بأن السياسة تكون أحيانا قاسية. وعندما بدأت الفتاة بالبكاء، ربّتت المستشارة على

رأسها، ومن ثم انتشر هذا الحدث على تويتر وفيسبوك باستهزاء وتهكم. هل تصرفت ميركل بقسوة؟ في هيئة التحرير ناقشنا ذلك بجدال. هل جعل هذا اللقاء في الواقع قلب السياسية البراغماتية يلين ودفعها إلى القول: مرحبا باللاجئين؟ إحدى زميلاتي زعمت أن المستشارة عندما تذهب للنوم في المساء، ستفكر أيضا فيما حدث لها خلال اليوم. البعض الآخر كان رأيهم مختلفا، وقالوا إن الأمور ستسير كما في كل مرة، وبأنها ستحاول التحايل، باعتبار أن ميركل إنسانة غير عاطفية تحرص فقط على الحفاظ على مكانتها من خلال البحث عن رأي الأغلبية.

المشهد الحزبي الألماني في حراك. الاتحاد المسيحي تعرض في عامي 2015 و 2016 للضغوط بسبب سياسة اللجوء التي انتهجتها المستشارة ميركل. الحزب الاشتراكي الديمقراطي يصعب عليه التقدم منذ أن انقسم جزء منه وشكل حزب اليسار. أنغيلا ميركل تتفوق على حزب الخضر في العديد من مواضيعه على غرار التخلي عن الطاقة النووية وحق الزواج للجميع. أما الحزب الليبرالي فقد تجاوز بشق الأنفس أزمته بعد «إخراجه" من البرلمان الاتحادي في عام 2013. والآن ظهر حزب جديد في المشهد، ولا أحد يعرف مدى صموده ونجاحه: إنه حزب البديل من أجل ألمانيا، الذي تشكل على خلفية أزمة اليورو وانعدام ثقة عدد كبير من الناس في بلدنا في سياسة الإنقاذ التي تبنتها الحكومة الألمانية. في جميع الانتخابات تقريبا نجح الحزب منذ تأسيسه في عام 2013 في تخطي نسبة الخمسة في المئة اللازمة لدخول البرلمان. حتى في السنوات السابقة كانت تظهر دائما أحزاب

احتجاجية جديدة على المسرح السياسي، مثل «حزب شيل»، الذي لا يمكن اليوم تصور أنه سيحقق نجاحات في هامبورغ، أو كذلك حزب القراصنة. هذه الأحزاب اختفت بنفس السرعة التي نشأت بها. لكن الأمر قد يكون مختلفا بالنسبة لحزب البديل من أجل ألمانيا؛ فالحزب يتناول موضوع أزمة اللاجئين بطريقة مختلفة عن الأحزاب التقليدية – واستمرارية الموضوع تكسب حزب البديل من أجل ألمانيا أهمية على المدى الطويل. وأرى أنه يجب على الديمقراطية أن تتحمل أيضا حزبا كهذا طالما بقي بمطالبه ضمن الإطار القانوني المضمون.

.2 المحرقة، ماضينا المظلم

كانت المحرقة نقطة التحول الحضارية الكبرى في التاريخ الألماني. جريمة بشعة، تم تنفيذها بماكينة صناعية. هذه الجريمة تؤثر حتى اليوم على حياتنا السياسية، ومجتمعنا، ووعينا. إنها الأرض المظلمة، التي قامت عليها دولتان ألمانيتان، أصبحتا اليوم دولة واحدة.

ذلك القتل المنهجي لملايين الناس يعتبر في جميع أنحاء العالم، وفي الدول العربية أيضا، جريمة تاريخية. وغالبا ما تكون معرفة الناس بذلك مجردة تماما، مصدرها بضعة أفلام وثائقية تلفزيونية أو بعض الدروس في المدرسة. المؤرخ الألماني فولكهارد كنيغه طالب في ديسمبر 2015 عبر مقال له في صحيفة زود دويتشه تسايتونغ، بأن يلزم اللاجئون بزيارة مواقع المحرقة، لكي يفهموا هذا الصفحة المظلمة في التاريخ الألماني بشكل أفضل.

يجب أن يكون واضحا لكل لاجئ من بلد مسلم أن الحياة اليهودية جزء من ألمانيا. والمحرقة هي أيضا أساس لعلاقة خاصة لبلدنا مع إسرائيل. إنه تصور خاطئ تماما أن يعتقد بعض العرب أن العرب والألمان يتقاسمون كراهية اليهود. في برلين تنشأ مجددا حياة يهودية كانت قد انقرضت منذ الحرب العالمية الثانية. وبالنسبة للإسرائيليين تعد برلين من أهم الوجهات السياحية. كثير من الألمان ينتقدون سياسة حكومة نتنياهو ويدينون المستوطنات.

3. الاقتصاد الألماني – ازدهارنا هو فخرنا

منذ الحرب العالمية الثانية بات من الصعب علينا أن نظهر أو نعبر عما يشبه الفخر ببلدنا. ولكن عندما تحتل شركات ألمانية مراتب مرموقة، وتصبح منتجات ألمانية معيارا هاما، وعلامة صنع في ألمانيا رمزا للجودة، فإننا نسر جميعا لذلك. اقتصادنا – أشبه بفخر وطني بديل.

في الوقت نفسه يعني هذا أننا نتابع باهتمام خاص البيانات الأساسية لاقتصادنا، وتطوره، ومكانتنا في العالم. الفرنسيون يعلقون أهمية كبيرة على المطبخ الفرنسي، وعلى فنانيهم. ونحن؟ نحن نعلق أهمية على أن تبقى نجمة مرسيدس رمزا للفخامة في جميع أنحاء العالم، وأن تواصل الشركات الصينية تركيب توربينات صنعت في ألمانيا. فهذا يمنحنا التفرد ويجعلنا نحتل مكانة متقدمة جدا على الساحة العالمية، وذلك على الرغم من أننا لم نكن أبدا إمبراطورية استعمارية أو إمبراطورية ألمانية.

والألمانية ليست من بين اللغات الأكثر انتشارا في العالم، ونحن لسنا قوة عسكرية متنفذة. أما فيما يتعلق بالمنتجات والاقتصاد، فنحن لدينا ما نفتخر به!

إحدى الصور النمطية التي تنسب إلينا نحن الألمان، هي بالتأكيد صحيحة: نحن نعمل كثيرا وباجتهاد، وأحيانا بجدية وعناد، ما يثير دهشة بعض البلدان. حياة من أجل العمل، ربما يكون ذلك شيئا مبالغا فيه، ولكن العكس – عمل من أجل الحياة – الذي يفترض أن يصف مثلا وجهة نظر بعض الناس من دول أوروبا الجنوبية، هو أيضا احتمال وارد.

4. القانون والنظام - شريعتنا اسمها القانون الأساسي

في المقام الأول يأتي القانون الأساسي. لماذا؟ لأنه يضم جزءا كبيرا من حرياتنا وتاريخنا، ويمثل ما يشبه البوصلة التي يمكن بواسطتها معرفة أصلنا وما يميزنا.
دور الدين، والعلاقة بين الرجل والمرأة. هذان خُصِّص لهما فصل خاص، ليس فقط بسبب النقاشات الحالية. فهذان الموضوعان لا يتم معالجتهما بعمق في القانون الأساسي. لكن القانون يحدد بعبارات واضحة لا لبس فيها ما يسري في بلدنا: «كرامة الإنسان غير قابلة للمساس بها. واحترامها وحمايتها يمثلان واجبا إلزاميا على جميع سلطات الدولة.» « لكل فرد الحق في بلورة شخصيته بحرية» (...) و «كل البشر سواسية أمام القانون».

إلا أنه وبالنسبة لبعض المسلمين المتشددين، تعتبر سنة النبي محمد أكثر أهمية من أي قانون وضعي. الكلمة الدالة هنا هي: الشريعة. مجمل القوانين الإسلامية أساسها القرآن، والذي هو مصدر التشريع في جميع الدول الإسلامية.
فكيف يتماشى الاثنان معا؟ هل يمكن «إعادة تثقيف» أناس يعتقدون اعتقادا راسخا بسيادة القوانين الإسلامية في مجتمعات علمانية؟ هنا أيضا يسري بالطبع: «حرية الإيمان وحرية الضمير وحرية الانتماء الديني والعقائدي ليست قابلة للمساس بها.» من حق كل مسلم أن يمارس عقيدته في بلدنا، ولكن السيادة لنظامنا القانوني.

في ديسمبر 2015، حكمت محكمة دارمشتات على زوجين من أصل باكستاني بالسجن مدى الحياة. لقد قتلا ابنتهما البالغة من العمر 19 عاما بدعوى صيانة شرف العائلة، لكونها ارتبطت بشاب ضد رغبة والديها. صحيح أن الشريعة الإسلامية تدعو إلى الحفاظ على عفة المرء بوجه خاص، ولكن هل جرائم الشرف مشروعة؟ كلا، إنها هنا ليست مشروعة البتة من الناحية القانونية.
فماذا يعني ذلك للحياة المشتركة في بلدنا؟ هل قوانيننا ضعيفة للغاية؟ القانون الأساسي يعود إلى وقت لم تلعب فيه هجرة المسلمين أي دور على الإطلاق بالنسبة للمجتمع الألماني، وبالتالي في صياغة القيم والحقوق الأساسية. فهل يتوجب ربما توسيع القانون الأساسي؟
نشأ القانون الأساسي في ضوء تجربة تاريخية معينة وفي حالة

اجتماعية لم تعد تربطها قواسم مشتركة كثيرة بحاضرنا. وألمانيا ما بعد الحرب لم تكن بلد هجرة. كانت ألمانيا قبل قدوم العمال المهاجرين، وما قبل سنة 1968. ألمانيا ما قبل الوحدة – كانت في المقام الأول ألمانيا ما قبل هجرة ملايين المسلمين إليها. هذا كانت له ربما على المدى المتوسط تأثيرات على المبادئ الأساسية لأهم القيم والقوانين لدينا.

في الحلقة الثانية من «مرحبا» تناولنا موضوع القانون الأساسي. وحينها كان يدور نقاش عام كبير حول كيفية تعريف اللاجئين بأهم ركائز دولتنا ومجتمعنا. في تلك الحلقة قال وكيل وزارة المالية ينس شبان (حزب الاتحاد المسيحي الديمقراطي) إنه يجب تحمل نكات عن القرآن أيضا، وبأن هذا حق يضمنه قانوننا الأساسي. هذه المقولة التقطتها بسرعة البرق العديد من المواقع والمنتديات العربية وتمت مناقشتها -« أنظرو، إنه بلد رائع» هكذا علق مشاهد عربي على هذه الحلقة في فيسبوك.

هذا دليل واحد فقط على أن ليس كل من يأتون إلينا كمهاجرين يفهمون الحريات السارية لدينا.

5. الرجال والنساء

في كل مرة كنت أتحدث فيها عن برنامجي «مرحبا» في محيطي الخاص والعام، كان من بين ردود الفعل الأولى: «تناولوا شيئا عن موضوع الرجل والمرأة!» فالصورة النمطية عن الاختلاف الشديد في دور الجنسين بين الشرق الأوسط وبلدنا هي على الأرجح من بين الصور النمطية الأكثر انتشارا. فهناك يتوجب على النساء السير وراء أزواجهن، ويتعرضن للضرب، ولا

يسمح لهن بالعمل. وبدون حجاب أو نقاب لا تسير الأمور. كما أن القرآن يدعو إلى ذلك أيضا – هذه هي الصورة النمطية السائدة.

بيد أن علماء الدراسات الإسلامية يؤكدون لنا أن القرآن والإسلام في مجمله ليسا في حد ذاتهما معاديين للمرأة، وبأن ارتداء الحجاب مثلا، غير منصوص على أنه إلزامي في أي موضع.

مرارا وتكرارا وصلتني، كرد فعل على برنامجي «مرحبا»، رسائل تعبر عن القلق من اضطهاد المرأة في الدول العربية، لتطرح هذا الموضوع للنقاش، ولتنبهني إلى مدى عدم المساواة في معاملة الرجل والمرأة هناك. لا شك أن هذا صحيح في جوانب كثيرة. لكن من الصواب أن يؤخذ أيضا بعين الاعتبار، أن موضوع المساواة بين الرجل والمرأة وتطبيق ذلك في الحياة المهنية والخاصة، تطورٌ حديث جدا في ألمانيا وأوروبا والغرب. فحتى عام 1977، توجب مثلا على النساء في ألمانيا طلب موافقة أزواجهن، إذا أردن العمل.

وحتى في بلدان أوروبية أخرى جاء هذا التطور متأخرا وكان أكثر صعوبة. ففي إسبانيا الكاثوليكية المتشددة في الفترة ما بين 0619 و1970، كانت النساء بالكاد يتمتعن بحرية أكثر مما هو عليه الحال اليوم في معظم الدول العربية. وفقط في عام 8719 أصبحت المساواة بين الرجل والمرأة منصوصا عليها في القانون. حتى عام 1975، لم يكن يسمح للنساء في اسبانيا بامتلاك

جواز سفر. وفي سويسرا، أصبح فقط منذ عام 1990 للنساء حق التصويت في جميع الكانتونات.

هذا لا يجعل التمييز الشديد الذي تتعرض له المرأة في العديد من الدول العربية أفضل حالا اليوم. غير أن القلق الذي يعبر عنه الكثيرون في بلدنا عند إثارة هذا الموضوع يكسبه وزنا مختلفا.

مؤخرا، كنت في أثناء إحدى الفعاليات في برلين أقف بجانب سفيرة سلوفينيا. كانت تتحدث الألمانية بطلاقة، حتى أنني اعتقدت بداية أنها نمساوية. «نعم»، قالت لي: «أنا أنحدر من كيرنتن السلوفينية»، إنها ولاية تقع مباشرة على الحدود مع النمسا. هناك يتحدث في الواقع الجميع الألمانية كلغة ثانية، وهي أوضحت لي كيف أن الألمانية في سلوفينيا نوع من لغة تواصل مشتركة. قالت متنهدة «ألمانيا متخلفة جدا عندما يتعلق الأمر بالمساواة». أردت طبعا أن أعرف كيف خلصت إلى ذلك. قالت إنها ذهبت قبل بضعة أيام لاحتساء القهوة مع إحدى صديقاتها الألمانيات، وكانتا تخططان للقيام بنزهة. صديقتها قالت إن عليها أولا أن تسأل زوجها إن كان بإمكانها استخدام السيارة. «أمر لا يصدق»، قالت السفيرة منزعجة. وأضافت أن هذه الجملة وحدها تثير غضب النساء في سلوفينيا. قلت لها إن هذا يمكن أن يفسر بطرق عديدة. لا، لا، قالت لي وهي تهز رأسها بشدة. هذا معاد للنساء، بغض النظر عما هو مقصود حقا. لا ينبغي أن يقال ذلك. حتى لو كنا نعتبر أنفسنا رواد عالم حر تسود فيه المساواة، إلا أن الآخرين ينظرون إلينا هكذا. وهو ما يظهر أننا متخلفون

جدا في بعض الأحيان. وجهات النظر هي كل شيء، ومن المفيد أن يعيد المرء التفكير في الأمور من حين لآخر.

عندما نتحدث عن الحقائق الأساسية، التي يجب – من منظورنا – على المرء الإلمام بها عندما يأتي إلى ألمانيا، فإن المساواة بالتأكيد هي إحدى هذه الحقائق. المساواة بين الرجل والمرأة، والمثليين والمعاقين، والأجانب واليهود والمسلمين. كيفما كانت الاختلافات، ينبغي ألا يكون هناك تمييز. هذا ما ينص عليه القانون الأساسي، وما تراه أيضا الغالبية العظمى للناس في بلدنا.

6. العقيدة – كيف تنظر إلى الدين؟

إذا طرح المرء على شاب ألماني سؤال غوته الحاسم، فإنه سرعان ما يتضح أن عدد زوار الكنيسة آخذ في التناقص. بالتأكيد الأمر يختلف من منطقة إلى أخرى -في ولاية بافاريا نسبة المسيحيين الملتزمين دينيا أعلى منها في ولاية براندنبورغ. لكن بشكل عام من الواضح أن المسيحية في ألمانيا تتجه نحو أزمة وجودية.

أنا درست في مدرسة ثانوية كاثوليكية. عدد قليل من الراهبات المتقدمات في السن ومدرس دين في الستين من عمره كانوا بالنسبة إلينا الوجوه المتدينة التي كنا نقابلها كل يوم. الدين كمادة إلزامية في المدرسة حتى مرحلة الثانوية العامة – أمر بديهي عندما يدرس المرء في مدرسة دينية. دروس دينية جيدة، خاصة إذا كان الهدف هو ترغيب الشباب في الدين بدلا من تنفيرهم –

شيء لا وجود له. في دروس الموسيقى كان علينا ترتيل صلوات موت مسيحية، أو أغان من تأليف رودولف ماورسبيرغر مثل «المدينة المهجورة»، وهي أغنية يصف فيها الدمار الذي لحق بمدينة دريسدن أثناء الحرب العالمية الثانية، حيث تقول: «لقد أضرم النار في عظامي وتركها تتحكم في». للشباب هناك مناهج دراسية أكثر جاذبية.

أما لدى الكثير من الشباب المسلم في ألمانيا فالأمر يختلف تماما. الدين والتقاليد «مرغوب فيهما» ومهمان أيضا - بحسب ما يقول مثلا الكثير من المعلمين في مدارس بها نسبة عالية من التلاميذ من أصول مهاجرة. وعلى عكس الألمان المسيحيين، الذين يبدو لهم الدين بشكل عام «برجوازيا»، و«قديما»، و«لكبار السن»، فإن الإسلام «عصري»، و«شاب»، و«جذاب» - وساهمت في ذلك ثقافة بوب إسلامية تلعب فيها الرموز والعناصر الدينية دورا واضحا. المسيحية تعاني من مشكلة تتعلق بصورتها. وهو ما لا ينطبق على الإسلام -على الأقل بالنسبة لمن يعتنقونه. أما بالنسبة للآخرين الذين ينظرون إلى الإسلام في ألمانيا بعين متشككة، فإن هذا يبعث على القلق. إنها الجاذبية التي تدفع حتى شبابا من أسر ألمانية تقليدية إلى اعتناق الإسلام. وعندما يقوم مغنو راب يرددون أغاني غيتو عنيفة بوضع وشم «الله» على جسدهم، فإن هذا يكون له سحر قوي على الشباب الثائر.

غالبية المسلمين العرب تعتبرنا بلدا ملحد. ليس لأن الكثيرين مسيحيون، أو لأن ثقافة وتاريخ ألمانيا يهيمن عليهما الطابع

المسيحي. فهذا قد لا يمثل- بالنسبة لكل مسلم غير متشدد - أية مشكلة. فاليهود والمسيحيون هم أهل الكتاب كما جاء في القرآن، ويجب احترامهم. ألمانيا والغرب ملحدان بسبب غياب قواعد سلوكية دينية في الحياة اليومية. حياتنا اليومية، وتصرفاتنا، وعملنا تحكمها عادة العقلانية والتفكير المنطقي وليس الخوف من الرب. عندما يدير العرب المسلمون مفتاح تشغيل السيارة يقولون «بسم الله». ويستهلون الخطاب بعبارة - «بسم الله الرحمن الرحيم». وعلى النوافذ الخلفية للعديد من السيارات في منطقة الشرق الأوسط تكتب عبارة «ما شاء الله» التي يعتقد أنها تحمي السائق والركاب من الحوادث.

نحن أيضا مازلنا حتى اليوم نقول «الحمد لله» عندما نشعر بالارتياح من أمر صعب. لكن هذه الكلمة لا تعبر بنفس الطريقة عن تدين عميق في حياتنا اليومية. الله والإسلام يتخللان الحياة في الدول الإسلامية في كل جوانبها. ولذا تبدو ألمانيا بالنسبة للعرب كما لو أنها مصنع -بلا روح وروحانية. حياة من أجل العمل. كئيبة، وملحدة، وبلا مغزى.

هذا بالطبع تعميم يحاول أن يعكس تصور غالبية الناس هنا وهناك -والرؤى المختلفة تماما للعالم. بطبيعة الحال يوجد في ألمانيا أناس متدينون يعيشون حياتهم ويعملون وفقا لمبادئ المسيحية، والدين يعتبر بالنسبة إليهم المصدر الرئيسي لمغزى حياتهم.

وكما هي الحال في دول عربية يثير هذا الموضوع جدلا حادا بين أناس من خلفيات اجتماعية مختلفة وفئات عمرية مختلفة حول مدى تحكم الدين في الحياة. في القاهرة وبيروت، وأيضا هنا في ألمانيا، يعيش مسلمون يشربون الكحول، ولديهم مفهوم حديث جدا لكيفية التعامل بين الرجال والنساء، ويعتبرون الدين مسألة خاصة.

الحياة في بلدنا اليوم لا تخلو تماما من الصبغة الدينية؛ فالأعياد الدينية من أهم الأحداث في ألمانيا. وعيد الميلاد كما في جميع أنحاء العالم الغربي هو أكبر احتفال في السنة. من 24–26 ديسمبر تتوقف الحياة العامة. يجتمع أفراد الأسرة، ويذهبون معا عشية عيد الميلاد (24 ديسمبر) إلى الكنيسة للاستماع إلى قصة ميلاد يسوع المسيح. ويأكل الناس إوزة مشوية والكثير من الشوكولاتة والحلويات. الأيام التي تلي ذلك حتى ليلة رأس السنة يوم 31 ديسمبر، نسميها «ما بين العامين». إنه وقت يأخذ فيه العديد من الألمان عطلة ولا يحدث فيه عموما الكثير.

رغم أن عيد الفصح يحظى في المسيحية بأهمية أكبر مقارنة بعيد الميلاد، إلا أن الناس في ألمانيا لا يهتمون كثيرا بهذا العيد بقدر اهتمامهم بليلة عيد الميلاد؛ الهدايا تكون أصغر، والأطفال أقل تحمسا. في يوم الجمعة العظيمة نحي ذكرى صلب المسيح، ويوم الأحد نحتفل بقيامته من بين الأموات، معجزة المسيحية.

أما في العالم العربي فالحال مختلف. الأعياد الدينية والعطلات والأحداث الهامة تعتبر نظرا لأهميتها الروحية جزءا لا يتجزأ من حياة معظم الناس. في شهر الصيام رمضان تتوقف تقريبا الحياة في البلدان الإسلامية لمدة شهر كامل. ولكن هناك أيضا مناسبات دينية أخرى يُحتفل بها بمنتهى الجدية. أتذكر واقعة حدثت لي عندما دخلت غرفة تحرير عربية وهتف أحد الصحفيين، الذي يعرف أنني أتحدث العربية، أثناء مروره بجانبي «ميلاد نبوي»، وهي تهنئة بمناسبة الاحتفال بعيد ميلاد النبي محمد. في تلك اللحظة كان فكري مشغولا بشيء آخر، ثم كررت ما قاله متسائلا «مولد نووي»؟ ما قد يعني «يوما نوويا سعيدا!» – مصطلح «نووي» يستخدم عادة في سياق الحديث عن البرنامج النووي الإيراني. الزميل، وهو سوداني، نظر إلي فجأة بغضب وصرخ «في السودان قد تقتل بسبب ذلك!». كوني خلطت بين كلمة تحمل دلالة سياسية مثل («نووي») وكلمة («نبوي»)، حتى وإن كان ذلك لعدم انتباهي، اعتبره زميلي شيئا لا يُغفر، ولم يتحدث إلي بعد ذلك بكلمة واحدة.

مدى جدية المسلمين إزاء دينهم تجلت في ردود الفعل القوية على الرسوم الكاريكاتورية للنبي محمد التي نشرتها في عام 2005 صحيفة «يولاندس بوستن» الدنماركية. فقد شهد العالم الإسلامي احتجاجات واسعة، بعضها عنيفة، على نشر صور مثلت النبي، الذي لا ينبغي وفقا للقرآن إظهاره في صورة. بعض الدول العربية حظرت منتجات دنماركية، وكانت هناك دعوات بقتل رسام الصور الكاريكاتورية كورت فسترغارد. كثيرون

تسائلوا: ألا يسمح للمرء بانتقاد الإسلام؟ لقد أثار هذا الموضوع جدلا حادا.

«حرية التعبير هي دم الديمقراطية، وهي الحرية التي بدونها ما كان بالإمكان الحصول على كافة الحريات الأخرى.»، هذا ما كتبه لي الرسام الدنماركي كورت فسترغارد، الذي رسم حينها الرسوم الكاريكاتورية للنبي محمد، عندما حكيت له عن كتابي. وهو على حق؛ فمن غير المقبول أن يكون الرد على الحريات الفنية والصحفية التهديد بالقتل. والسخيف حقا هو أن يبحث بعض الناس عن آراء يعتبرونها جارحة لمشاعرهم الدينية. إذ بالكاد كان سيلحظ مسلم في الشرق الأوسط الرسوم التي نشرتها الصحيفة الدنماركية. والأحرى هو أن الدوافع وراء ذلك كانت تبشيرية وأصولية. لكن الشيء المؤسف أيضا: هو أننا أصبحنا في الأثناء نرد بطاعة استباقية، عندما يتعلق الأمر بمواضيع قد تكون حساسة بالنسبة للإسلام. وفي الواقع ساهمت في ذلك فتاوى وقنابل.

منذ قضية فسترغارد أصبح الغرب تحت رقابة شديدة، فيما يتعلق باستخدام صور أو نصوص أو تعليقات قد تثير السخرية من الإسلام أو تهينه. وهذا ما حدث للبابا بنيدكت السادس عشر عندما ألقى في عام 2006 خطابه في ريغنسبورغ. استشهد البابا في الخطاب بالإمبراطور البيزنطي مانويل الثاني باليولوغ، الذي اتهم الإسلام بالعنف. إثر ذلك اتهم بعض المسلمين البابا بإلقاء خطبة تدعو الكراهية.

في عام 2012 أثار فيلم «براءة المسلمين» موجة احتجاجات عنيفة في العالم العربي. وفي هجوم على القنصلية الأميركية في بنغازي (ليبيا) قتل أربعة أشخاص بينهم السفير الأمريكي كريستوفر ستيفنز.
وفي 7 يناير 2015 قتل إسلاميون متطرفون في هجوم على مجلة «شارلي إبدو» الساخرة في باريس أحد عشر شخصا. وكانت «تشارلي إبدو» قد أعادت نشر رسوم النبي محمد لفسترغارد من عام 2006. وقبل الهجوم بوقت قصير كان قد صدر عدد للمجلة به قصة عن رواية الكاتب ميشال ويلبك «الخضوع»، وهي قصة خيالية عن أسلمة فرنسا. وضمن حملة شعارها «ليس باسمي» كتب آلاف المسلمين تغريدات على تويتر نأوا فيها بأنفسهم عن تلك الهجمات. وضمن حملة «أنا شارلي» شارك آلاف الناس في جميع أنحاء العالم بتغريدات على تويتر، معبرين عن مواساتهم للفرنسيين.

7. معاداة الأجانب

ضمن ردود الفعل السلبية العديدة على برنامجي «مرحبا» تكررت كثيرا جملتان بشكل ملفت: «لا أكن شيئا ضد الأجانب، ولكن ....» و «على الفور يُتهم المرء بأنه نازي».
أولا: بعد نهاية الدكتاتورية النازية أصبحت معاداة الأجانب مسألة حساسة جدا في ألمانيا. ونحن نرى اليوم أنفسنا منفتحين على العالم وعصريين. لكن عبارة «لا أكن شيئا ضد الأجانب، ولكن ....» تظهر توجها مختلفا. وهنا تنتشر حالة من عدم الارتياح في وسط المجتمع تحدث فجوات بينه وبيننا نحن الصحفيين، وبين

السياسيين، وبين المبادئ السارية في ألمانيا وأوروبا – وهي المبادئ التي يجب أن تكون معتمدة من قبل الناس أنفسهم. عندما يزداد باضطراد عدد المواطنين الذين يشعرون بأن هذا البلد لم يعد بلدهم، حينها نواجه جميعا مشكلة. وعندما ينضم مئات الناس إلى مظاهرات حركة بيغيدا كي يطلقوا العنان لغضبهم (الذي ينشأ غالبا من معرفة سطحية)، فإننا نواجه مشكلة.

العديد من المشاهدين الألمان يكتبون لي بأنهم يريدون التعبير عن نقدهم، لكنهم لا يريدون ذلك الآن، خشية «أن يُتهموا بأنهم نازيون». وفي كثير من الأحيان يتهمونني بأنني من خلال برنامجي أجتذب فقط مزيدا من اللاجئين إلى ألمانيا. وهم يتذمرون من استخدام اللغة العربية في التلفزيون الألماني. («إلى أين سيقودنا ذلك؟») وبين الحين والآخر يطلقون اتهامات جوفاء تماما، من قبيل «الأجانب يريدون هنا فقط الإعانات الاجتماعية، وعيش حياة مريحة».

عندما كنت طالبا زرت برفقة العديد من الأصدقاء مدينة ميونيخ. كنا على متن حافلة نقل عام. في إحدى المحطات صعد رجل مسن إلى الحافلة واصطدم بأحدنا بحجة أنه يقف في طريقه (الأمر الذي لم يكن كذلك في الواقع) وقال له: «لا تبقى واقفا على مؤخرتك.» وبشكل بديهي قال صديقي فجأة: « لا أعرف كيف تفعل أنت ذلك، لكن أنا لا أستطيع أن أقف على مؤخرتي.» وعلى الفور استدار الرجل المسن وصرخ: «أنت يا كاناكه (كلمة يشتم بها الأجنبي)، في بلد أجنبي على المرء أن يتصرف

بأسلوب يجعل الناس يرحبون به.» ما حدث بعد ذلك أرعبني أكثر: امرأة من المقاعد الخلفية هتفت: «إنه على حق!» وبعدها حصل الرجل على دعم من ركاب آخرين أيضا. حينها أوشك الوضع على التصعيد، ومن ثم قررنا النزول من الحافلة في المحطة التالية. كانت تلك بالنسبة إلي المرة الأولى التي عايشت فيها هذا النوع من كراهية الأجانب، علما أنه لم يكن أي منا أجنبي. بل حتى أن أيا منا لم يكن يبدو كشخص غريب. كنا ببساطة «بروسيين». فكرت طويلا فيما يعايشه البعض الذين يدل مظهرهم في الواقع على أنهم ينحدرون من ثقافة مختلفة تماما.

هل يُنظر إلى ألمانيا في العالم العربي كبلد معاد للأجانب؟ حتى القنوات الإخبارية هناك سلطت الضوء على حركة بيغيدا وحزب البديل من أجل ألمانيا. إلا أن التصور -أو القلق – من اعتبار ألمانيا بالذات بلدا معاديا للأجانب بشكل خاص، أمر ليس صحيحا، على الأقل فيما يتعلق بالعالم العربي.
قد يرجع ذلك إلى حقيقة أن الكثير من العرب تربطهم علاقة وثيقة بفرنسا وبريطانيا والولايات المتحدة- وأن قصص الظلم والتمييز ضد العرب في هذه البلدان تحظى باهتمام إعلامي أكبر بكثير. صحف عربية مثل «أخبار الخليج» أو «ذا ناشيونال» تنشر بانتظام تقارير عن المضايقات التي تتعرض لها عائلات عربية في مطارات أمريكية أو بريطانية. ومنذ انتخاب دونالد ترامب رئيسا للولايات المتحدة الأمريكية، وإصداره مرسوم «منع المسلمين» الذي يحظر دخول مواطنين من دول إسلامية

معينة إلى البلاد، أصبحت لدى الولايات المتحدة -ليس فقط الحكومة، بل المواطنين أيضا -سمعة معاداة الإسلام. ألمانيا ليست لديها هذه السمعة. وعلى عكس مناطق أخرى في العالم، حيث يتم بسرعة ربط ألمانيا بالعنصرية والحقبة النازية والرايخ الثالث، فإنه ينظر إلى بلدنا في العالم العربي بأنه ليبرالي، وغير توسعي أو إمبريالي. ومع ذلك تُراقب باهتمام التطورات الأخيرة فيما يتعلق بحزب البديل من أجل ألمانيا وحركة بيغيدا. كما أن النجاحات الانتخابية لحزب البديل من أجل ألمانيا قد تحدد مدى إمكانية تغير صورة ألمانيا في العالم العربي.

8. ثقافتنا وفننا

غوته وشيلر وباخ وبيتهوفن - أسماء ترمز للثقافة الألمانية في كافة أنحاء العالم. نحن نطالب دائما بدورات مكثفة لتعليم اللغة للأجانب في ألمانيا. ولكن ألا يحظى الإلمام بالثقافة الألمانية بنفس الأهمية؟ وكما هي حال الكنائس يعاني الشعراء والمفكرون الألمان من مشكلة تتعلق بصورتهم في أوساط الجيل الشاب. أعمال تذهب طي النسيان – فمن يستطيع اليوم سرد أغنية شيلر «الجرس» عن ظهر قلب؟ عندما نطالب المهاجرين بضرورة التعرف على الثقافة الألمانية، فينبغي أن يسري ذلك أكثر من أي وقت مضى على الشباب الألمان أيضا. رسامون ألمان مثل غيرهارد ريشتر ونيو راوخ تحقق لوحاتهم في المزادات مبالغ خيالية. كما أن معارضهم تحظى بإقبال كبير. في دول الخليج مثلا لا يهتم الكثير من العرب بالفن وبالمتاحف. فلماذا يشاهد المرء لوحة لا يستطيع شراءها؟

المال الذي يتوفر بكثرة في العالم العربي يدعو لامتلاكه وليس لمشاهدته.

وماذا عن بقية الثقافة الأوروبية؟ الموسيقى؟ الموسيقى الكلاسيكية يعتبرها الكثير من العرب موسيقى حزينة. سواء كانت أنغامها حزينة أو مرحة وحيوية. بعد وفاة الشيخ زايد، مؤسس دولة الإمارات العربية المتحدة، أوصت الدولة ببث موسيقى كلاسيكية أوروبية على جميع المحطات الإذاعية لعدة أيام.

الكتب والصحف لا تزال تعتبر بالنسبة إلينا في ألمانيا والغرب عموما، حتى في عصر الرقمنة، مصدرا أساسيا للمعلومات وركيزة لهويتنا الثقافية. ومن زار معرض فرانكفورت الدولي للكتاب، لا شك أنه أعجب بحجم وتنوع الأعمال الفكرية التي تعرض هناك. كما يظهر العدد الهائل من الزوار أيضا مدى أهمية المطبوعات بالنسبة إلينا حتى اليوم. أما في العالم العربي فالأمر مغاير. إذ تظهر دراسات مختلفة أن الدول العربية من بين مناطق العالم التي تقل فيها نسبة الإقبال على القراءة. وهذا سواء كانت مناطق فقيرة تعاني من الحروب مثل اليمن أو سوريا، أو دولا مثل قطر والكويت، التي تعد من أغنى دول العالم. على الرغم من أننا مدينون للعالم العربي بأن جزءا كبيرا من تراثنا القديم محتفظ به في مخطوطات عربية، إلا أن الكلمة المكتوبة (باستثناء القرآن) تكاد لا تلعب دورا اليوم. فالعرب بالكاد يقرأون الكتب والصحف، أو على نطاق محدود فقط. وهذا بالرغم من أنه تصدر في كل الدول العربية صحف يومية، وأحيانا بعدد مذهل من الصفحات. بعضها تبدو كدليل هاتف وليس كمطبوعة

يومية. وهذا يعود بالأساس إلى حقيقة أن الصحف تمثل بالنسبة للعديد من الحكومات، خاصة في منطقة الخليج، مشروعا فخريا. وليس المهم أن يقرأها أحد، بل أن تصدر كل يوم بسمك الكتاب وتوضع في جميع الفنادق والمطارات إلى جانب المطبوعات الغربية. عندما كنت مراسلا في دولة الإمارات العربية المتحدة عايشت بنفسي كيف تبدو في معظم الأحيان الصحافة المطبوعة. حينها تم إدراجي في قائمة إدارة الصحافة والإعلام كصحفي عربي، لأنني كنت أعمل لدى مؤسسة إعلامية عربية. ومن خلال ذلك تلقيت دعوات لحضور فعاليات لا يدعى إليها عادة ممثلو وسائل إعلام غربية، مثل «قمة المرأة العربية» في عام 2008 في أبو ظبي. أنا ونحو 20 صحفيا عربيا تم إحضارنا بسيارة مع سائق وإنزالنا في فندق قصر الإمارات (5 نجوم). نظمت لنا جولات تسوق ونزهات في الصحراء – لكننا لم نر شيئا من قمة المرأة العربية. وبينما جلس الآخرون للاستجمام على حوض السباحة، طلبت أنا إجراء مقابلة مع امرأة عربية للتحدث عن القمة. ومن ثم نظمت إدارة الصحافة والإعلام مقابلة مع «أم الإمارات»، والدة رئيس الدولة، والتي لم يسبق أن ظهرت أمام الرأي العام. قيل لنا إنها ستجلس خلف ستارة سوداء لتجيب على أسئلتنا، وسمح لنا بتصوير الستارة. أما الصحفيون الآخرون فطبعوا لصحفهم أحد النصوص الرسمية المعدة مسبقا وذهبوا لمواصلة التسوق.

الأكثر أهمية من الصحف هو التلفزيون؛ ففي كل بيت ومكتب يوجد على الأقل جهاز تلفاز واحد يعمل بدون توقف.

9. المأكولات والمشروبات

الطعام الألماني له سمعة مشكوك فيها في جميع أنحاء العالم. وبالنسبة للعديد من الفرنسيين يعتبر المطبخ الألماني شبيها بسلاح بيولوجي. بيرة ومعجنات بريتسن ونقانق ومعدة الخنزير. يضاف إلى ذلك البطاطس ومخلل الملفوف أو الكرنب الأحمر. دسم وكريه الرائحة وصعب الهضم – هذا هو تقريبا تصور الكثيرين عن طعامنا. تصور ربما لم يكن خاطئا تماما لفترة طويلة. فحتى عقد 1970 كان يبدو هكذا الطعام الذي يوضع على مائدة الألمان كل يوم. ثم جاء الايطاليون واليونانيون والأتراك، وجلبوا معهم أطعمة جديدة من منطقة البحر الأبيض المتوسط. ثم افتتح فيتناميون وهنود وصينيون وتايلانديون مطاعم. واليوم أصبح اليوم أمرا عاديا جدا أن يشتري المرء عشبة الليمون والزنجبيل من محلات السوبر ماركت. منذ بضع سنوات والألمان مهووسون بشكل غريب بالمطبخ الفاخر. في كل القنوات التلفزيونية تقريبا تحقق عروض الطبخ نجاحا ملحوظا. القناة الألمانية الثانية (ZDF) حاولت ذات مرة إلغاء أحد برامج الطبخ واستبداله ببرنامج حواري لـ «إنكا باوسه». وعندما تراجعت أعداد المشاهدين إلى مستويات منخفضة جدا، عاد برنامج الطبخ إلى البث كل عصر يوم.

سكان المدن بوجه خاص ينفقون الكثير من المال على المواد الغذائية المنتجة عضويا. في مدن مثل برلين توجد منذ وقت طويل سلاسل متاجر كبيرة للمواد الغذائية العضوية. التوفو والكينوا والقُطيفة لم تعد غريبة، وإنما مألوفة.

ومع ذلك، نحن نقضي في المطبخ وقتا أقل من الفرنسيين أو الإيطاليين. ففي المتوسط يطبخ الناس لدينا بمعدل 5.4 ساعات فقط أسبوعيا، وفقا لدراسة لجمعية أبحاث المستهلك (GfK) في مارس 2015.

بالنسبة للعرب تعتبر المأكولات التقليدية الألمانية بشكل عام مفزعة. وبتناول نقانق الكبد على الفطور أصبح اليوم منتهيا. معظم العرب يبدؤون يومهم بتناول بضع حبات زيتون مع زيت وبعض الفاكهة، وربما بحمُّص مع الخبز، إضافة إلى كوب قهوة بالهيل. وماذا عن اللحوم الدسمة؟ غالبا لا تؤكل في الفطور. في الغداء شطيرة أو رقائق البطاطس. أما الوجبة الحقيقية فتكون بعد الساعة الثامنة مساء، حيث يؤكل السمك المشوي أو لحم الضأن أو الفاصوليا، وفي الحلو بقلاوة. بالطبع هناك اختلافات بين مختلف البلدان: في مصر تغلب الأطعمة المقلية والفول، وفي سوريا ولبنان المزة.

الكثيرون من العرب لا يفضلون الخبز الألماني. ليس لأن طعمه لا يعجبهم، بل لأنهم لا يحبون فكرة المخبز. فمعظم العرب اعتادوا على شراء الخبز من رفوف السوبر ماركت، حيث يختارون النوع الذي يروق لهم منظره أكثر من غيره. وبالنسبة لهم لا تلعب التسميات المختلفة لأنواع الخبز الكثيرة سوى دور ثانوي. لذا لا يحبذ الكثيرون الذهاب إلى مخبز ألماني، حيث يوجد بدلا من الخدمة الذاتية بائعة تنتظر من الزبون إخبارها باسم الخبز الذي يريد شراءه.

من يأتون إلى ألمانيا، ينبغي أن يعرفوا: أن ما يعتقد الكثيرون أننا نأكله كل يوم، لا يمثل في الواقع سوى جزء صغير من تنوع كبير. الخيار ليس بين مطبخ ألماني ومطبخ لبناني في برلين نويكولن؛ ففي الأثناء تطورت في بلدنا ثقافة غذائية حديثة لم تعد لها أية علاقة بالسمعة البرجوازية التي تثقل عليها حتى اليوم. الطعام في ألمانيا إبداعي وحديث وغير مألوف أيضا.

10. لغتنا

مقارنة مع بلدان أخرى، نتعامل نحن الألمان مع لغتنا بفظاظة وإهمال. فيما تعتبر اللغة الفرنسية بالنسبة للفرنسيين رمزا لثقافتهم، حيث يُعتنى باللغة ونقاءها في كل مكان. حتى أنه منذ عام 1994 تُلزمُ جميع المحطات الإذاعية بتخصيص ما لا يقل عن 40 في المائة من وقت إرسالها لموسيقى فرنسية. أحد أصدقائي السوريين قال لي ذات مرة، إن اللغة الألمانية تبدو له مثل طلقات مدفع رشاش، معتبرا أن أصوات حروف T و Z و S الكثيرة هي المسؤولة عن ذلك. العرب مقارنة مع أناس تختلف لغتهم الأم عن لغتنا لديهم ميزة كبيرة: إنهم يستطيعون نطق حروف لغتنا بشكل جيد. فأصوات مثل CH «تش» وR الحنجرية «غ» توجد في اللغة العربية أيضا. يضاف إلى ذلك أن قواعد النحو مقارنة بالعربية ليست صعبة إلى حد كبير-هذا في حين يجد البريطانيون صعوبة بالغة مع حالات الإعراب وأدوات التعريف وجنس الكلمة القواعدي. كما أن معظم العرب على دراية بحروفنا اللاتينية. فسواء في الشارع أو في الإعلانات

-في كل مكان تصادفهم كلمات مكتوبة من اليسار إلى اليمين. أما نحن فغالبا ما ننظر إلى الكتابة العربية كفن خط رائع لكنه غير مفهوم.

ألمانيا في تحول

«ثمة بلاد استفادت من الهجرة الناجحة»، هذا ما قالته المستشارة الألمانية أنغيلا ميركل في كلمتها بمناسبة العام الجديد 2016. «على نحو سليم» سيكون التدفق الكبير للمهاجرين فرصة كبيرة لألمانيا. بشكل دائم تؤكد زعيمة حزب الاتحاد المسيحي الديمقراطي «سننجح في ذلك». ولكن هل سننجح حقا في ذلك؟ 1.2 مليون لاجئ تم تسجيلهم في عامي 2015 و2016، نحو 250 ألف شخص لم يسجلوا، حسب التقديرات. في السنوات الأخيرة تنامي العنف اليميني في ألمانيا: عام 2016 تعرض 692 شخصا للإصابة جراء العنف اليميني. وإجمالا تم تسجيل 12.503 من جرائم العنف اليميني. التحقيقات الجنائية شملت 6076 مشتبها به، وتم اعتقال 149 بشكل مؤقت.

هل سننجح في ذلك حقا؟ نظرة مستقبلية

علينا أن نعرف من نحن، لكي نصيغ ما ننتظره من الناس الوافدين إلينا. علينا أن نناقش كيف نرى بلدنا. ما دلالة أن تكون ألمانيّاً اليوم؟ وماذا يعني ذلك للمهاجرين؟

من حيث ذلك، فإن هذا الكتاب أيضا لا يعتبر خطة من 10 نقاط لتحويل السوريين المسلمين إلى ألمان علمانيين. بل هو حافز للتفكير: ما هي ألمانيا الحديثة؟ وما الذي يمكننا أن نطلبه من الآخرين فيما يتعلق بالتكيف؟

حتى الآن يعمل المتطوعون والسياسيون، والبلديات والولايات بكامل طاقاتهم لتنظيم المساعدة الأولية. أشياء كثيرة مازالت لا تسير بشكل جيد. في إنتاج الحلقة الأولى من النسخة التلفزيونية لبرنامج «مرحبا» كنا قد صورنا تقريرا في مكتب الشؤون الصحية والاجتماعية لولاية برلين (LaGeSo)، الذي ساءت في الأثناء سمعته. هناك سُمح لي بمساعدة المتطوعين في توزيع مستلزمات النظافة على اللاجئين.

بعد أيام قليلة من زيارتي لمكتب الشؤون الصحية والاجتماعية لولاية برلين وصلتني رسالة من أحد مشاهدي «مرحبا». كان قلقا بشأن صديقة له هربت من العراق، وتعين عليها الآن العيش في مسكن للاجئين في نورنبرغ. لقد كتبت له في يأس تقول: «لا أستطيع النوم، لأن هناك مجموعة أشخاص يريدون مهاجمة

المسكن، وقد ضربوا أحد الحراس والجميع يرتجفون الآن من الخوف - رجال ونساء وأطفال. الحراس اتصلوا بالشرطة وطلبوا الحماية للاجئين. رجاء، رجاء، أريد مساعدة. أريد حلا للتخلص من هذا الضغط الذي يتوجب علي تحمله كل وقت. لقد تعبت من هذا الوضع، ومن الهجمات الأخيرة التي شنتها مجموعات مجهولة، ومن صراخ وبكاء الأطفال، هذا لا يحتمل. صدقني، أنا لست قوية بما فيه الكفاية، وهذا أعاني منه كل ليلة. لا أستطيع النوم، ولا تعلم اللغة الألمانية. أنا خائفة من هذه الهجمات، وأريد أن أعيش في أمان. لقد هربت من بلدي، لأنني لم أكن أشعر بالأمان هناك. ولكن هنا أيضا لا أشعر بالأمان. أريد أن أعيش في سلام وأمن، ولا أريد أي شيء آخر، فقط أريد العيش في أمن وسلام ... «

قبل أن نتمكن من الحديث عن إدماج أناس من سوريا أو العراق أو اليمن في مجتمعنا، يتوجب علينا توفير أمور عادية جدا: الأمن، والنظام، والمساعدة. «سننجح في ذلك»، قالت المستشارة. ولكن ما المقصود بالضبط؟ ومتى يمكننا أن نقول لقد نجحنا في «ذلك»؟ ما هي المعايير التي تستند إليها المستشارة— والتي يؤمل أن تكون لديها؟ هل نكون قد نجحنا في «ذلك»، عندما نستقبل ملايين الناس في بلدنا بدون أن يثور الشعب ضد ذلك؟ وبدون أن تزداد فجأة شعبية حركة بيغيدا وحزب البديل من أجل ألمانيا؟ وبدون أن يفقد حزب الاتحاد المسيحي الديمقراطي مكانه في الحكومة؟ أم أن المقصود بأننا سننجح في «ذلك» هو أن يصبح اللاجئون مثلنا؟ أن يعملوا في ألمانيا،

وأن يعيشوا وفق مبدأ الفصل بين الدين والدولة، وأن يجدوا هنا وطنهم؟

بالنسبة لي فإن السؤال هو: ما هي الأهداف الواقعية؟ وهل هي أهداف تؤيدها غالبية الناس في بلدنا؟

يجب أن يكون واضحا: أن إعادة تثقيف المهاجرين ليست هدفا واقعيا. حتى وإن قمنا بالترويج للعلمانية في بلدنا بجميع اللغات وكافة الأشكال. الشخص الذي نشأ في منظومة قيم اجتماعية ما، وعاش كل حياته فيها، هذا الشخص- إذا لم تدفعه تجارب الحرب المؤلمة إلى التخلي بنفسه عن ارتباطه بالدين والدولة- فلن نستطيع إقناعه أبدا.

ورغم أن العديد من اللاجئين يكتبون لي كرد فعل على برنامجي «مرحبا»، وأنا أصدقهم، بأنهم بعد الفظائع التي عايشوها يريدون حقا بدء حياة جديدة في بلدنا، إلا أنه تصلني أيضا رسائل من عدد ليس بالقليل من اللاجئين، الذين هم حبيسو صراعاتهم، والذين يتوقون إلى وطنهم. هل يمكن الاستياء من ذلك؟ وما مدى صعوبة طي صفحة الماضي، عندما يُقتلُ أصدقاء وأقارب المرء ويحرمُ من مستقبله؟ الحقيقة هي: علينا أن نقبل بأن يعيش في بلدنا أناس مجروحون لديهم قيم مختلفة عن قيمنا -وبأننا لا نستطيع تغيير ذلك.

مستقبلنا كبلد للاجئين

كيف يمكن إذا أن يبدو بلدنا بعد خمس أو عشر سنوات؟ وإلى أين يمكن أن تقود السياسة والتطورات الحالية؟ وما هي عواقب أفعالنا وقراراتنا ونقاشاتنا؟

الوضع من حولنا في أوروبا لا بد وأن يدعو للقلق حاليا. في فرنسا يشهد اليمينيون بزعامة مارين لوبين ازديادا كبيرا في أصوات ناخبيهم. في الجولة الثانية من الانتخابات الرئاسية لعام 2017 حصلت مارين لوبين على 33.9 في المائة من الأصوات – أي أن ثلث الناخبين الفرنسيين اختاروا اليمين. في بولندا يقود الحكومة القوميون المحافظون ويريدون تغيير البلاد جذريا. وفي المجر ألغى فيكتور أوربان قوانين عديدة. وفي بريطانيا قرر الناس في استفتاء عام خروج بلدهم من الاتحاد الأوروبي، رافضين بذلك أوروبا. يبدو كما لو أن أوروبا ليست منفتحة، وإنما منغلقة. الكل يعمل بمفرده، والحدود تغلق.

في كثير من الأحيان يُشكى من «زحف اليمينيين». بيد أن تنامي شعبية الأحزاب القومية ليس ظاهرة طبيعية أو هجوما من الخارج على ما نريده في الواقع كلنا: مجتمع منفتح فيه مكان للناس من جميع أنحاء العالم. هذا ليس هجوما من الخارج، وليس غزوا، وليس حدثا طبيعيا. إنه يُظهر أن ما نعترف به نحن الصحفيين، وما يتظاهر الناس من أجله ويدعو إليه السياسيون، لم يعد الحس العام، ولم يعد القاسم المشترك بين الناس في أوروبا.

هل ستسير ألمانيا نحو اليمين؟ أنغيلا ميركل تجسد وسط المجتمع. هناك اعتقاد بأن الوسط هو الضمانة لكسب الانتخابات، كما قيل في الانتخابات العامة الأخيرة. وهذا يفترض أن يعني: لا شعارات صارخة، ولا سياسة متطرفة، التركيز على الاقتصاد والضرائب. في الوقت الراهن يبدو كما لو أن هذه الدوغماتية لن تكون سارية بهذا الشكل في المستقبل. فالوسط يضمحل -على الأقل عندما يتعلق الأمر بقضايا مثل أزمة اللاجئين، ولكن أيضا بمسألة إنقاذ اليورو والملف الأوكراني. تنامي شعبية حزب البديل من أجل ألمانيا وظاهرة بيغيدا - مؤشر على أن الشعارات المناهضة لشيء ما يمكن أن تجلب مجددا الأصوات.

إذا ازداد الاستقطاب، فإن ذلك سيكون أسوأ سيناريو محتمل لبلدنا. وإذا انعزل كلا الجانبين، ألمانيا المسلمة وألمانيا غير المسلمة، عن بعضهما البعض، فيمكننا أن نتغاضى عن مسألة الاندماج.

كيف سيكون بالإمكان منع مثل هذا التطور من خلال إجراءات تتخذ اليوم؟ كلمة عيد الميلاد مع ترجمة باللغة العربية، تنظيم الحصص، إعطاء الأولوية للناس ذوي خلفية مهاجرة - أفكار تسعى إلى هدف نبيل. ولكن تلك التي تنذر بتعزيز شعور الكثير من الناس الذين يسألون (ويكتبون لي ذلك كرد فعل على برنامجي «مرحبا»): ماذا عني؟ لماذا لا توجد حصص لي؟ بتعبير أكثر تثقيفا قد يسمي المرء ذلك ظاهرة التمييز الإيجابي،

حيث تتمتع فجأة أقليات، بناء على قوانين محفزة، بمزايا تفضلها على مجموعات أكبر منها، من حيث العدد.

السيناريو الأسوأ المحتمل: أوروبا يعود فيها كل واحد للتركيز على نفسه – وهو سيناريو بات واقعيا أكثر من أي وقت مضى. أوروبا تختلف دولها حول حصص المهاجرين، وتشدد فيها حكومات وطنية محافظة الخناق على الأجانب.

فهل سيستخدم اللاجئون في الانتخابات البرلمانية العامة الألمانية في خريف 2017 كورقة في الحملات الانتخابية؟ الأحزاب التقليدية تنأى بنفسها عن ذلك بوعي، مستخدمة لهجة حادة. هذا سيفعله حزب البديل من أجل ألمانيا – ويُخشى ويُتوقع أن يحقق من خلال ذلك بعض النجاح.

وماذا عن سيناريوهات يسارية - في ألمانيا، في أوروبا؟ اليسار الأوروبي يمر بأزمة حادة. ولم يغير من ذلك حتى مشكلة منطقة اليورو مع اليونان التي جلبت، على الأقل مؤقتا، بعض الاهتمام إلى السياسة اليسارية والساسة اليساريين.

قبيل الانتخابات البرلمانية العامة 2017 يبدو أن الألمان يفضلون المستشارة على الاشتراكيين أو الخضر أو تحالف يضم الاشتراكيين واليساريين والخضر – وهذا رغم الجدل الشديد في شرائح واسعة من المجتمع حول سياسة الهجرة التي تنتهجها المستشارة.

كمنتج لبرنامج «مرحبا» وكصحفي عشت وعملت لسنوات عديدة في العالم العربي فإن انطباعي هو: أن الاستقبال غير المحدود للاجئين في ألمانيا ينذر باستنزاف روح المساعدة. أوروبا – من حيث عدد السكان والمساحة -كبيرة بما يكفي لاستيعاب أعداد كبيرة من طالبي المساعدة من إفريقيا والشرق الأوسط. إنه لتصور خاطئ الاعتقاد بأن الناس الذين يأتون إلينا اليوم سيغادرون ألمانيا في المستقبل القريب. اللاجئون وأبناؤهم سيبقون. وحتى نقطة حرجة معينة يمكن للسياسة أن تطبق مقولة «سننجح في ذلك» على أرض الواقع وتحصل على دعمنا. لا أحد، حتى اللاجئون، سيتفيد إذا ما انقلب الاستعداد لاستقبال اللاجئين إلى نقيضه.

إلقاء نظرة على بلدان الأخرى يمكن أن يساعد بالتأكيد على معرفة ما هو واقعي، وما هو مرغوب فيه، وما هو ليس كذلك. فرنسا وبريطانيا لديهما، خاصة بسبب ماضيهما الاستعماري، تجربة طويلة ومكثفة مع الهجرة من بلدان عربية إسلامية، أكثر من تجربتنا. عندما نقلق من نشوء مجتمعات موازية، يمكننا أن ننظر إلى فرنسا وكيف يمكن أن يصبح الوضع أكثر سوءا. هناك لم تكن على مدى عقود أية محاولة لـ «إدماج» المهاجرين، خاصة من المستعمرات السابقة، في المجتمع. بالنسبة للفرنسيين كان نمط حياتهم «إدراك متعة الحياة»، والثورة الفرنسية يعتبران ثقافة متطورة للغاية. وبدا واضحا أن المهاجرين من السنغال والجزائر والهند الصينية سيتوجب عليهم تبني ميزات الثقافة الفرنسية هذه.

وهذا كان قد نجح سابقا بطريقة غريبة إلى حد ما – خاصة لدى حكام في إفريقيا جنوب الصحراء كانوا مغرمين لفترة طويلة بنمط حياة شبيه بنمط فرنسي-أوروبي. على سبيل المثال: الإمبراطور بوكاسا الذي أعلن نفسه حاكما مطلقا على جمهورية إفريقيا الوسطى، وأقام حفل تنصيب جنوني تحت تمثال نسر مصنوع من البلاتين، مرتديا عباءة حمراء وتاجا أوروبيا. مثال آخر فيليكس هوفويت - بواني، الحاكم الوحيد لساحل العاج، الذي بنى في مسقط رأسه، مدينة ياموسوكرو الصغيرة وسط الغابة ثاني أكبر كاتدرائية في العالم. صرح عملاق من الخرسانة يعكس أنماطا مختلفة من فن العمارة الأوروبية.

ولا ننسى أيضا دكتاتور الكونغو المجرم موبوتو، الذين بنى في بلدة غبادوليت الريفية، والتي سميت أيضا «فرساي الأحراش»، مقر إقامة له على الطراز الأوروبي.

التطبع بالأوروبيين كان مرغوبا فيه -سواء في إفريقيا جنوب الصحراء، أو في العالم العربي. العديد من الدول العربية حافظت على الفرنسية كلغة رسمية ثانية. وتميزت العديد من البلدان في العالم العربي في عقد 1970 بمجتمعات مدنية متسامحة، كانت تنظر إلى باريس أو لندن أكثر منه إلى مكة والمدينة.

لكن ذلك تغير. دول المغرب العربي، المغرب والجزائر، تنظر على نحو متزايد إلى ماضيها البربري (الأمازيغي) وتشجع عن وعي اللغة البربرية – أما الفرنسية فبدأت تفقد من أهميتها. تأثير

دول الخليج العربية الغنية -سياسيا واقتصاديا واجتماعيا -آخذ في الازدياد. الناس لم تعد تنظر بتشوق إلى الغرب، بل بنفور متزايد.

وعلى غرار فرنسا لدى كندا أيضا الكثير من الخبرة مع هجرة المسلمين. وكما فعلت ألمانيا اليوم، فتحت كندا في فترة الحرب الأهلية اللبنانية الباب أمام مهاجرين من هذا البلد صغير في الشام. ونتيجة لذلك توجد اليوم جالية لبنانية كبيرة في البلد الأمريكي الشمالي. نحو 40 في المئة من الناس في لبنان ليسوا مسلمين، وإنما مسيحيون. ولذلك كان هناك من بين الكنديين الجدد عدد كبير من المسيحيين، الأمر الذي ساهم في نزع فتيل الكثير من صعوبات التأقلم والنقاشات السياسية. التعايش المشترك يسير بنجاح حتى اليوم. ولكن لا يمكن الحديث عن اندماج أو حتى ثقافة مشتركة. فهل هذا هدف منشود؟ قد يكون ذلك الشيء الواقعي الوحيد، في أوقات يسود فيها خوف كبير لدى كلا الجانبين من أن يضطر كل منهما للتضحية بثقافته وهويته وتاريخه ودينه من أجل الجانب الآخر. والمدهش هو أن هذا الخوف متشابه لدى كلا الجانبين. وقد لاحظت ذلك أيضا في بعض ردود الفعل على «مرحبا». فمن جهة اتهمني الكثير من الناس في ألمانيا بأنني أفتح الباب على مصراعيه أمام أسلمة بلدنا. ولكن كانت هناك أيضا أصوات من العالم العربي حذرت من عدم الانخداع بهذا البرنامج. أحد المعلقين كتب، «إحذروا، هذه خدعة وفي النهاية سينزعون الحجاب من النساء!»

العالم يرتحل

من تابع في الأشهر الأخيرة التغطية الإعلامية لأزمة اللاجئين، تولد لديه الانطباع بأن ألمانيا وحدها تواجه موجة هجرة. قد يكون هذا صحيحا من الناحية الإحصائية أيضا بعد وقف العمل مؤقتا باتفاقية دبلن. لقد أصبحت ألمانيا وجهة للاجئين من سوريا وأفغانستان والعراق أكثر من أي بلد آخر. لكن الانطباع بأن النقاش حول ما إذا كان ممكنا استقبال أناس من خلفيات ثقافية مختلفة تماما للعيش معنا أو كيفية «دمجهم» في المجتمع هو قضية ألمانية، يعتبر أمرا خادعا. إنها قضية عالمية.

لثلاث سنوات عشت وعملت كصحفي في دولة الإمارات العربية المتحدة. دبي، الإمارة ذات العدد الأكبر من السكان، استطاعت في وقت قصير جدا أن تصبح عاصمة متألقة، يبدو فيها القليل من الفولكلور العربي كنسخة سيئة من ديزني لاند، وليس كهوية ثقافية معايشة. 75 في المئة من سكان الإمارة ليسوا من السكان المحليين. فمعظمهم ينحدرون من الهند وباكستان. وهناك أيضا الكثير من الأوروبيين والأمريكيين والاستراليين الذين يعيشون في الدولة الصحراوية. مسألة الهوية الثقافية، وكيفية الحفاظ عليها، في ظل «اضمحلال الهوية الذاتية»، يتم مناقشتها بشكل مكثف جدا في دبي. الجواب هناك، كما لو أن المرء يخدع نفسه، وذلك لأن التصور السائد هو أن جميع الناس الذين يعيشون ويعملون في دبي هم في الواقع مجرد «عمال أجانب» بالمعنى الحرفي للكلمة: بلا إقامة دائمة، وبلا أمل في الحصول على

جنسية البلاد يوم ما. هؤلاء الناس لا يتعين دمجهم في المجتمع، هكذا يتم إيهام الآخرين، باعتبار أن هؤلاء سيغادرون البلد قريبا. وهذا بالطبع يتجاهل حقيقة أن البلد بأكمله ما كان سيقدر على البقاء منذ وقت طويل بدون الأجانب. وسواء رغب المرء في ذلك أم لا: عملية التكيف المتبادل بدأت بالفعل هناك. هناك نساء غربيات شابات يطيب لهن ارتداء العباءة السوداء، لأنها أنيقة أيضا، ولأن الناس يتعاملون بشكل مختلف تماما مع امرأة محجبة. الناس يحيون بعضهم بشكل بديهي بعبارة «السلام عليكم» و «مع السلامة» أو يلتقون في المساء لتدخين الشيشة معا. هذا لا علاقة بالاهتمام المكثف بالثقافة أو التاريخ العربي. فمن يعيش في دبي، يعايش هذا بالضبط: جنة ترفيهية عربية، فيها تباع دمى الجمال في الأسواق التي تبدو كالحي القديم في القاهرة، لكنها في واقع الأمر شيدت في بضعة أشهر فقط.

من ناحية أخرى يمكن للمرء أن يتعرف في دبي أيضا على الحياة التقليدية للسكان المحليين. ولكن رغم اهتمام الحكومة بهذه الأجيال أيضا – إلا أن التقاليد على وشك أن تختفي. النساء يرتدين العباءة – لكن هذا لم يعد يعني الالتزام بحياة متدينة. الكثيرات يعتبرنها موضة تكميلية. أحمر شفاه فاقع على شفاه ممتلئة بالبوتوكس، ماكياج ثقيل، ورموش اصطناعية – لا علاقة لذلك بالإسلام. في المساجد يتجمع متطرفون يعتبرون ممارسات الغرب شوكة في الحلق.

خلال فترة إقامتي في دبي، دارت أحداث هذه القضية: زوجان ألمانيان يعيشان منذ أكثر من عشر سنوات في دبي. وعندما حملت المرأة، قررا الزواج في ألمانيا. وفي وقت لاحق ولد الطفل في الإمارات. بعد وقت قصير من الولادة، زار المدعي العام الوالدين؛ فقد تبين له بعد حساب الأمور أن عملية إخصاب الطفل لا بد وأن حدثت قبل الزواج. ممارسة الجنس قبل الزواج ممنوعة في دبي. ورغم أنه نادرا ما يتم تطبيق القانون، إلا أنه في هذه الحالة، كان المدعي العام يزدري نمط الحياة الغربية وأراد أن يجعل هذه الحالة عبرة.

فرنسا، كندا، الإمارات العربية المتحدة - ثلاثة نماذج، لكيفية تعامل البلدان مع المهاجرين، وكيف تتغير صورتها من خلال ذلك. وماذا عنا نحن؟ كتاب، والعديد من البرامج التلفزيونية العربية الألمانية، ولاحقا، عشرات الحلقات من «مرحبا» على الإنترنت، بعد أكثر من 8 آلاف رسالة، وعدد لا يحصى من ردود في فيسبوك وتويتر على عملي، أستطيع أن أقول: نحن لا نعرف ما إذا كنا سننجح في «ذلك». كل جزء من مجتمعنا يجب أن يسهم بشيء ما. ونحن الصحفيين سنفعل الصواب، إذا ما نظرنا إلى عملنا بعين ناقدة. وأنا أعني بذلك نفسي أيضا. هل «مرحبا» صحافة أم نشاط سياسي؟ كيف هو الحال مع العديد من البرامج والتقارير التي نقرأها ونشاهدها ونسمعها كل يوم؟ هل نعكس حقا هامش النقاشات المجتمعية بالكامل – التي يكفلها القانون – بلا تقييم أو رأي شخصي؟

«مرحبا» كان برنامجا مخصصا للاجئين العرب. وفي الأثناء أصبح منتدى للنقاش للاجئين والألمان المهمومين، لأناس راغبين في المساعدة، وآخرين رافضين للمساعدة. هذا يظهر أنه لا بد لنا من الحديث، جميعنا، ويوميا. هكذا فقط سننجح في تحقيق «شيء ما».